教育部人文社会科学研究2012年度青年基金项目
"我国大学教学学术及其制度保障研究"（项目号：12YJC880088）

DAXUE JIAOXUE XUESHU
JIQI ZHIDU BAOZHANG

大学教学学术及其制度保障

宋 燕◎著

全国百佳出版社
中央编译出版社
Central Compilation & Translation Press

图书在版编目（CIP）数据

大学教学学术及其制度保障／宋燕著．— 北京：中央编译出版社，2013.10

ISBN 978-7-5117-1757-3

Ⅰ.①大… Ⅱ.①宋… Ⅲ.①高等教育-学术质量-研究 Ⅳ.①G644

中国版本图书馆 CIP 数据核字（2013）第 196194 号

大学教学学术及其制度保障

出 版 人：	刘明清
出版统筹：	谭　洁
著　　者：	宋　燕
责任编辑：	曲建文
责任印制：	尹　珺
出版发行：	中央编译出版社
地　　址：	北京市西城区车公庄大街乙 5 号鸿儒大厦 B 座　邮编:100044
电　　话：	（010）52612345（总编室）　（010）52612363（编辑室）
	（010）66161011（团购部）　（010）52612332（网络销售）
	（010）66130345（发行部）　（010）66509618（读者服务部）
网　　址：	www.cctpbook.com
经　　销：	全国新华书店
印　　刷：	北京振兴源印务有限公司
开　　本：	710 毫米×1000 毫米　1/16
字　　数：	194 千字
印　　张：	13.5
版　　次：	2013 年 10 月第 1 版第 1 次印刷
定　　价：	38.00 元

本社常年法律顾问:北京市吴栾赵阎律师事务所律师　闫军　梁勤
凡有印装质量问题,本社负责调换。电话:(010)66509618

目 录

前言 ·· 1
Abstract ·· 3

一 绪 论 ·· 1
  1. 问题的提出 ·· 1
  2. 研究的意义 ·· 10
  3. 研究现状述评 ·· 12
  4. 研究方法与研究思路 ·· 31

二 "教学学术"思想探源 ·· 37
  1. "教学学术"产生的实践背景 ···································· 37
  2. "教学学术"产生的理论背景 ···································· 44
  3. 国外的教学学术实践及其效果 ···································· 48
  4. 我国大学引入教学学术的必要性与可行性 ························ 55

三 作为学术的大学教学 ·· 59
  1. 什么是学术 ·· 59

2. 学术：大学教学的本然面貌 ………………………… 66

四 教学学术的基本理论 …………………………………… 73
   1. 教学学术的内涵 ……………………………………… 73
   2. "教学学术"思想的意义 ……………………………… 95
   3. 教学学术的实现条件 ………………………………… 102

五 教学学术理论的现实观照 ……………………………… 109
   1. 我国大学教学水平的现状：教学的学术性程度不高 …… 110
   2. 大学教学学术的外在制度障碍 ……………………… 121
   3. 大学教学学术的内在制度障碍 ……………………… 138
   4. 障碍合力：影响大学教学学术的第三种力量 ………… 150

六 教学学术的制度保障 …………………………………… 153
   1. 教学学术制度设计的基本原则 ……………………… 153
   2. 教学学术的外在制度保障 …………………………… 156
   3. 教学学术的内在制度保障 …………………………… 168

七 结 语 …………………………………………………… 171
   1. 结论 …………………………………………………… 171
   2. 创新与不足 …………………………………………… 174

致 谢 …………………………………………………………… 177
参考文献 ………………………………………………………… 179
附录1 我国大学教学非学术的原因分布 ……………………… 195
附录2 我国大学教学现状调查 ………………………………… 198

前 言

　　质量是高等教育发展的永恒主题，高等教育质量的关键是教学。当前，我国大学教学质量并不令人满意，存在诸如教师不重视教学、学生对教学普遍不满等问题，造成高等教育质量下滑。引发大学教学质量问题的原因有很多，但其认识论根源在于传统的学术观。在以学术为中心的大学环境中，在以学术为志业的大学教师心目中，大学教学失去了学术的尊严与地位。让大学教学成为学术成为解决问题的锁钥。美国卡内基教学促进基金会前主席欧内斯特·博耶提出的"教学学术"思想为我们提供了启示，对我国高等教育具有现实适切性。但是，仅仅从理论上呼吁确立教学学术的思想和观念是不够的，必须同时确立保障教学学术的相关制度。论文以此作为研究重点。

　　从理论层面来看，大学教学具有学术的基本特性，即复杂性、专业性、研究性、创新性、交流性和自主性，大学教学是一种学术。也就是说，学术性是大学教学的本然面貌，"教学学术"具有科学性。在实践层面，大学教学是否以学术样态存在，主要与大学教师教学行为中学术性的彰显程度相关。由于受不同时代特定学术观的影响，大学教学的学术性会呈现不同的彰显程度，这往往导致应然与实然的不一致，即大学教学的实际存在样态与其学术身份之间存在差距。

　　教学学术具有相对性。作为学术，教学学术具有学术的四种基本维度，并与其他各种学术形式特别是专业学术共同存在于现代学术生态中，既相互联系又相互区别。教学学术是一种学术类型。作为教学，教学学术是学术性彰显程度最高的一种教学水平，包含学术性教学和教学学术两个环节。教学学术也表现为一种教学水平。教学学术对我国高等教育实践具有重要意义，体现了教学学术的实践合理性。教学学术最终指向于实践，而它的落实既需要相应的外在制度保障，也需要一定的内在制度支持。

调查显示，我国大学还没有确立教学学术的思想和观念，并缺乏相应的制度支持，面临诸多制度障碍。既有的学术建制环境、大学教学自身的学术建制构成了教学学术的外在制度障碍；基于高深学问的传统学术观念和我国传统文化构成了教学学术的内在制度障碍。外在制度和内在制度相互作用形成的制度合力障碍，严重束缚了教学学术思想的形成和教学学术制度保障的确立。

基于此，笔者认为要保证教学学术思想在我国大学中得以有效落实，就需要对既有的制度体系进行重新调整乃至变革。具体应遵循以下几方面的原则：外在制度先行、内在制度同步渗透；既要立足于学科、学校，也要注意学科、校际间的沟通；既要借鉴国际经验和基础教育经验，也要立足国情、校情；既要借鉴专业学术的经验，也要立足于教学自身等。在外在制度方面，要构建支持教学学术的建制环境，加强大学教学的学术建制建设。在内在制度方面，要确定适应教学学术的学校使命，加强大学教学研究，明晰教学学术理论。

Abstract

Quality is the eternal theme of the higher education development, in which the quality of teaching is the key. Now, the quality of our university teaching is not satisfactory. For various reasons, there are many problems exist in our university teaching, such as the teaching is not taken seriously, students' low satisfaction about university teaching. These have resulted a general decline in the quality of our higher education, and will make against its healthy and sustainable development. There are many reasons, but the basic one lies in the traditional Scholarly View (teaching is not a scholarship). In universities who take the scholarship as their center, in the eyes of faculties who take the scholarship as their profession, university teaching have lost its due dignity and status. This is the key of the problem. And let the university teaching to become a scholarship should be the key. The Scholarship of Teaching which is proposed by Ernest Boyer who is the former primary of the Carnegie Foundation for the Advancement of Teaching provide us with the export in concept. At the same time, the Scholarship of Teaching is appropriate to our higher education reality. So, the introduce of the Scholarship of Teaching is not only necessary but also possible, it will have very important meaning and value for the quality of our higher education. However, only do appeal is not enough, the more important thing is to implement it. This is not required by the practice attribute of the Scholarship of Teaching, but is more of the required of the university teaching practice itself. In addition, the discussions about how to implement the Scholarship of Teaching is also inadequate in past theories. Therefore, "How to implement the Scholarship of Teaching in our higher education" then become an subject which is unresolved but is urgent to solve, and thus it will be the focus of my study.

Is the university teaching is an a scholarship? Theoretically, university teaching has the basic characteristics of the scholarship (complexity, professional, research, innovative, communicative and freedom of autonomy), therefore, university teaching is a scholarship. More specifically, university teaching should be a scholarship, scholarship is the inherent nature of the university teaching, the Scholarship of Teaching has the scientific rationality. Practically, whether university teaching is existed in a state of scholarship, the main basis is the extent of the highlight about the scholarly component in university teaching practices, about the way of highlight, there are knowledge, research, communication, self-autonomy. Due to the impact of a particular view of scholarship, there will be different degree of the highlight about the scholarly component in university teaching, leading the inconsistencies between the ideal and the real, in other words, there will be a gap between the actual existence and the real identity.

The Scholarship of Teaching has its relativity. As an academic, the Scholarship of Teaching has four basic dimensions: there are knowledge, research, communication and self-autonomy, and it co-exist with other forms of scholarship in the modern scholarly ecology, there are bothrelations and differences among them, especially the scholarship of profession. The Scholarship of Teaching is a type of scholarship. As a teaching, the Scholarship of

Abstract

Teaching is the highest degree of the highlight of scholarly component, it has both scholarly teaching and the scholarship of teaching. The Scholarship of Teaching is a teaching level. The Scholarship of Teaching will have significance on the development of the practice and development of our higher education, reflecting the practical rationality in the Scholarship of Teaching. The Scholarship of Teaching has its valuable rationality. The final point of the Scholarship of Teaching is practice, and its implementation requires supports not only from corresponding external system, but also from corresponding internal system.

My survey shows that, the Scholarship of Teaching is not have conditions to achieve itself, lacking of appropriate system supports, and facing many system barriers: external system barriers (existed scholarly system, teaching's own scholarly system), internal system barriers (traditional concept based on the profound knowledge, relevant theoretical basis, our traditional social cultural), and the last force as barrier formed by the mutual interaction between external and internal system barriers.

Based on the above, I believe that in order to ensure the implementation of the Scholarship of Teaching, we must to re – adjust and even change the existed systems. Specifically, there are several principles we should follow: external system first, internal system should maintain the same pace to infiltrate; not only based on discipline and school, but also pay attention to the communication between different discipline and school; not only learn experiences frominternational and Basic Education, but also based on our situation and the situation of specific school; not only learn from the scholarship of profession, but also based on teaching itself, and so on. About external systems, there are necessary to construct corresponding negative and positive systems; about internal systems, there are also many advices, such as we should make the scholarly mission adapted to the value of the Scholarship of Teaching, infiltrate the value of the Scholarship of Teaching and strengthen the research on the basic theory.

Key Words: University teaching; University teacher; the Scholarship of Teaching;

the system of university teaching

一 绪 论

1. 问题的提出

21世纪是强调创新的时代。我们建设创新型国家，需要创新型人才。高等教育肩负重要使命，其中，本科教育是基础。就高等教育的自身发展来说，世界一流大学、高等教育强国的建设和发展都要以优质人才（尤其是本科层次的人才）的培养作为基础和保障。可以说，人才培养是高等教育的根本任务，本科教学是高等教育未来发展的关键。因此，我们必须重视高等教育的质量保障和创新建设，抓好本科教育，把本科教学工作提至重要议事日程。

（1）社会各界对高等教育质量持续关注

不同时期，我国高等教育的工作重心虽有所不同，但质量问题一直是社会各界关注的焦点，是我国高等教育事业发展与建设的永恒主题。大学教学质量是高等教育质量的核心。

1）国家教育政策对大学教学质量高度重视

我国政府历来有重视大学教学质量的传统。尤其是新世纪以来，伴随高等教育发展战略重心的转移，高等学校的教学及其质量更是成为了我国高等教育事业发展的主旋律。国家教育行政部门对此作出了许多努力，主要体现在以下方面。

①呼吁加强教学。

1998年召开的第一次全国普通高等学校教学工作会议明确强调高等教育要增强质量意识、加强素质教育。2001年,教育部发布《教育部关于加强本科教学工作提高教学质量的若干意见》(教高〔2001〕4号文),这是一个在高等教育快速发展过程中注重教育质量的重要文件。文件就加强教学工作提出了12条针对性要求,对提高教学质量起到了显著作用。2004年12月,教育部以"大力加强教学工作,切实提高教学质量"作为主题召开第二次全国普通高校本科教学工作会议,印发了《关于进一步加强高等学校本科教学工作的若干意见》,即2005年"1号文件"。文件强调必须坚持科学发展观,牢固确立质量是高等学校生命线的基本认识,把提高质量放在更加突出的位置。针对现实中的"重科研轻教学"现象,教育部颁布了《教育部关于进一步深化本科教学改革全面提高教学质量的若干意见》(教高〔2007〕2号)。意见指出:"坚持教授上讲台,保证为学生提供高质量教学"、"进一步建立和完善青年教师助教制度,不断提升青年教师的教育教学能力"、"建设教学团队,培养可持续发展的教学队伍"。①

②监督保障教学。

1985年,中共中央颁布了《中共中央关于教育体制改革的决定》。这标志着我国高等学校教学评估工作正式开始。1990年10月,原国家教委颁布《普通高等学校教育评估暂行规定》,就高教评估的性质、目的、任务、指导思想、基本形式等作了明确规定,确立了我国高教评估制度的基本框架,标志着我国的高等教育评估开始走向规范化。2004年,教育部颁布下发了《普通高等学校本科教学工作水平评估方案(试行)》(教高司〔2004〕21号),进一步对评估的具体指标和等级要求作了明确规定。2007年,教育部颁发《关于进一步深化本科教学改革全面提高教学质量的若干意见》,指出:要"进一步加强高等学校教

---

① 《教育部关于进一步深化本科教学改革全面提高教学质量的若干意见》,《中国大学教学》,2007年第3期。

学评估工作。教育部将根据国家对提高高等教育质量的新要求,继续开展并不断完善高等学校教学质量定期评估制度,把教学评估的结果作为衡量高等学校办学水平的重要指标,以评促建、以评促改、重在促进教学工作、重在提高教学质量","进一步完善高等学校的内部质量监控和评价体系。各高等学校要进一步加强教学质量监控,建立用人单位、教师、学生共同参与的学校内部质量保障与评价机制,形成社会和企业对课程体系与教学内容的评价制度、课堂教学评估制度、实践教学评估制度、领导和教师听课制度、同行评议制度、学生定期反馈制度及教学督导制度等,加强对人才培养过程的管理。完善教师、院系、学校三级质量保障机制,逐步建立保证教学质量不断提高的长效机制"。

③ 改革提升教学。

1994年,国务院颁布《教学成果奖励条例》,旨在鼓励大学教师积极开展教学研究,提高教学水平和教学质量。2000年,教育部发布《教育部关于实施"新世纪高等教育教学改革工程"的通知》(教高[2000]1号文)。通知在"高等教育面向21世纪教学内容和课程体系改革计划"成果的基础之上,呼吁实施"新世纪高等教育教学改革工程"。这在增强高等学校的质量意识、教学改革和教学建设方面又进了一步。2003年4月,教育部在《关于启动高等学校教学质量与教学改革工程精品课程建设工作的通知》中,指出要在全国高等学校(包括高职高专院校)中启动高等学校教学质量与教学改革工程精品课程建设工作(简称精品课程建设)。同年教师节,教育部又在人民大会堂隆重举行了"第一届高等学校教学名师奖"表彰大会。会议对100名长期在普通高校从事本科教学(主要是基础课教学)的优秀教师颁发"教学名师奖",进一步贯彻落实了2001年"4号文件"的精神,是教育部"质量工程"的一项重要举措。2007年,教育部、财政部决定实施"高等学校本科教学质量与教学改革工程",对新时期我国本科教学质量的工作目标和内容等方面做了规定和强调,进一步落实了党的十七大精神。

2）学术界集中开展大学教学质量研究

同政府的政策步伐相一致，我国高等教育理论界对大学教学也一直予以关注，作了大量研究并已取得一系列成果。笔者在中国学术期刊网共搜索到2727篇以"大学教学"为主题的学术论文、数篇专门就大学教学的某一方面进行深入研究的硕博学位论文。此外，还有若干以大学教学为主题的相关著述。如孙泽文的《现代大学教学引论》①、张诚一的《改革·发展·特色 大学教学理论与实践探索》②、李洋修的《大学教学管理与教学研究》③、刘春花的《导学与导研并重：大学教学改革新视野》④、王伟廉的《中国大学教学运行机制研究》⑤、郭冬生的《大学教学管理制度论》⑥、李定仁的《大学教学原理与方法》⑦、钱伯毅的《大学教学论》⑧ 等等。研究论题涉及大学教学改革、大学教学制度、大学教学管理、大学教学方法以及大学教学模式等多个方面。

基于相关会议的精神以及政策文件的规定，教育部以及高校管理者、一线教师均在积极消化吸收后主动将之付诸实践。在经过一段时间的努力之后，我国高校的"办学理念、人才培养思路进一步清晰，师资、图书、设备、建筑面积等办学条件大为改善，学科、专业、课程建设也取得了显著成效"⑨。但这些只是表面的繁荣。更为根本的质量问题仍普遍存在，并未因多方的关注和努力得到解决。

---

① 孙泽文：《现代大学教学引论》，华中师范大学出版社2006年版。
② 张诚一．改革·发展·特色 大学教学理论与实践探索［M］．长沙：湖南人民出版社，2006
③ 李洋修：《大学教学管理与教学研究》，山东大学出版社2005年版。
④ 刘春花：《导学与导研并重：大学教学改革新视野》，电子科技大学出版社2005年版。
⑤ 王伟廉：《中国大学教学运行机制研究》，广东高等教育出版社2005年版。
⑥ 郭冬生：《大学教学管理制度论》，高等教育出版社2005年版。
⑦ 李定仁：《大学教学原理与方法》，科学出版社1994年版。
⑧ 钱伯毅：《大学教学论》，中国科学技术大学出版社1991年版。
⑨ 刘小强，蒋善锋：《关于新世纪以来我国高等教育教学质量建设的反思》，《中国高教研究》2009年第11期。

(2) 我国大学教学质量问题突出

1) 重科研轻教学、重专业研究轻教学研究

现今,高校过于看重科研,倾向于以论文作为考量教师的唯一指标。"不出版即解聘"现象似乎也在我国各类高校中不同程度地存在着。这从两位老师的经历中就可窥见一斑。上海交大晏才宏老师的教学有口皆碑,深受学生喜爱。但就是因为没有论文,他直至57岁去世时仍然还只是一名讲师。浙江大学讲师朱淼华开设的公共选修课《西方艺术史》不仅广受学生欢迎,而且被评为全校精品课之一。但在岗位聘任考评中,他因为没有论文等原因被淘汰"下岗"。[1] 这两位教师的经历虽然只是个案,却具有一定的代表性。在我国,"重研轻教"已是一个普遍现象。它不仅作为观念普遍存在于各类大学的管理者和教师思想中,而且以教师评价制度为中介影响到学校管理者及教师的行为:大学教师对教学的时间和精力投入程度不多、不大。如某大学青年教师中能用积极态度、较多时间投入教学的教师比例分别为22%和44%。[2] 大学的管理者和教师对待教学研究和科学研究的动机、态度存在很大差别。大学教师参加教学研究的积极性不高,仅有10.5%的教师"非常愿意"参加教学研究,46.2%的教师"愿意"参加教学研究,还有43.3%的教师"不愿意"或"非常不愿意"参加教学研究[3]。

2) 大学教学方法陈旧、封闭,研究性学习效果不佳

在今天的大学里,教学模式传统守旧,固守以知识为中心的传授模式。"在一般的本科课堂中,讲授和板书可称得上是高频行为。现今的大学本科课堂教学基本上是'讲授+粉笔'。"[4] "上课记笔记、下课对

---

[1] 徐家平:《也谈职称评定中"重研轻教"的负面影响》,《科技致富向导》2008年第16期。

[2] 唐智松:《青年教师教学、科研投入状态调查》,《高等师范教育研究》2001年第1期。

[3] 姚利民,郑银华:《高校教师教学研究现状与原因分析》,《高等理科教育》2007年第4期。

[4] 周作宇,熊春文:《大学教学:传统与变革》,《现代大学教育》2002年第1期。

笔记、考试背笔记、考后忘笔记"是普遍现象。学生对此普遍不满:"我觉得老师在教学中教学方法有待改进,教得太死了。有的老师讲得很少,全靠板书,两节课过来,学生在底下抄,根本来不及想。"① "大学教育中存在的关键问题是忽略了对学生独立思考能力的培养。很多学生都没有提问题的热情和能力,更不用说解决问题的热情和能力。堂堂大学培养出一批工匠式的人物,不能不说是教育的失败。"②

相对于传统的灌输式教学方法,研究性教学的开展则相对困难。姚利民等人通过问卷对当前中南6所高校内研究性教学的开展情况作了问卷调查。调查发现:教师对自己、学生对老师研究性教学的开展情况均表现出不满。"54.5%的教师和42.7%的学生觉得开展情况很一般,28.5%的教师和36.0%的学生表示开展研究性教学的情况差,还有2.6%的教师和5.8%的学生认为自己或自己的老师根本没有开展研究性教学。"就研究性教学开展的范围来看,"教师和学生均无一人表示范围很广或广,26.7%的教师和43.6%的学生觉得一般,49.2%的教师和27.6%学生认为范围窄,24.1%的教师和28.9%的学生表示很窄。"③虽是地方数据,但的确能反映我国当下大学教学方法的普遍状况——固守传统、封闭、保守。研究性教学效果不佳、实施困难。

除了教学方法存在问题外,我国大学教学还存在如下几方面问题:没能很好地考虑学生的需要和实际水平;过分地制度化,主体性教学缺失;教学关系僵化,缺乏人性成分④等等。

我国的大学教学质量问题为什么并未因多方的关注和努力得到缓解呢?原因有很多,如经费分配、教学管理等方面。的确,我国大学的教学经费比科研经费少得多。大学内用于教学研究和实践的经费均相对不

---

① 马万华,喻岳青:《目前大学教学改革中的一些实际问题》,《中国大学教学》2000年第2期。

② http://www.tianshi.edu.cn/jw/admin/News/200855143539.html

③ 姚利民,康雯:《大学研究性教学现状与原因分析》,《中国大学教学》2009年第1期。

④ 姚利民,成黎明:《期望与现实——大学教师教学现状调查分析》,《中国大学教学》2007年第3期。

足。大学教学管理因教学的复杂性和模糊性较之科研管理更难于操作。现行大学教学管理制度不尽完善。但单纯由这些原因还不足以导致大学教学的边缘地位和诸多质量问题。只针对这些问题采取措施仅治标不治本。因为它们仅仅是表层原因,其背后还有更深层次的原因。

有学者认识到了问题的根源所在:"教学水平的重要性虽然在口头上得到了承认,但在实际工作中往往不被作为学术水平的一部分予以评价和确认,致使大学教师的工作重心越来越倾向于研究和争取出版物的数量。""今天的教学工作已被认为是一项日常的、附加的、几乎人人可以干的工作。大学教学质量因此而无法得以保障。"① 正是人们的传统学术观及教学观最终导致了教学实践中的诸种质量问题。

上世纪 70 年代,美国高等教育中也存在严重的重研轻教现象。"不出版即解聘"现象普遍存在。大学教学质量不容乐观。为了解决大学教学实践中的问题,美国卡耐基教学促进基金会前任主席欧内斯特·博耶(Ernest L. Boyer)对此作了反思,认为问题的根源在于狭隘的现代学术观。"今天我们一谈论'学术',往往指在学院或大学里的学衔和参加科研与发表论文著作","基础研究成为首要的和最基本的学术活动。"②大学教学等科研之外的活动仅仅成为由科研派生的附属,位于学术的边缘。大学是学术至上的组织,大学教师以学术为其志业。大学教学因其边缘地位甚或不属于学术范畴而地位低下。因而,教师很容易忽视教学,不会花很多时间对教学作出反思、思考,最终导致诸多大学教学质量问题频现。要想改变这种状况,诉诸观念变革、重建学术观是有效路径。基于此,他在《学术反思:教授工作的重点领域》一书中指出:学术包括探究(发现)的学术、整合的学术、应用的学术和

---

① 李硕豪,代飚:《论教学的学术水平》,《煤炭高等教育》1998 年第 1 期。
② 国家教育发展研究中心:《发达国家教育改革的动向和趋势(第五集)——日本、英国、联邦德国、美国、俄罗斯教育改革文件和报告选编》,人民教育出版社 1994 年版,第 22 页。

教学的学术①这四个相互联系的方面。教学也是学术。他提出"教学学术"这一概念，试图通过"教学学术"对现实给予一定的影响，促进大学教学质量问题的解决。在理论界的推动下，博耶的"教学学术"思想很快进入了实践领域。各类大学均积极迎合"教学学术"，并做出各种实践研究及变革努力。这在一定程度上缓解了美国大学教学实践中的各种问题，对提升大学教师教学的积极性方面也起到了一定的促进作用。

（3）教学学术的引入

我国学者基于中国现时与美国当时高等教育境遇的相似性，开始了对教学学术思想的借鉴及相关理论的探讨。内容涉及国外教学学术运动介绍②、大学教师教学学术水平的内涵及成分研究③、教学学术型大学教师的特征研究④、大学教师成为教学学术型教师之路径研究⑤以及教

---

① 欧内斯特·博耶著：《关于美国教育改革的演讲》，涂艳国，方彤译，教育科学出版社2002年版，第78页。

② 王玉衡：《卡内基教学促进基金会：美国大学教学学术运动的推动者》，《大学·研究与评价》2008年第5期。李政云：《卡内基教学促进基金会教学学术运动述评》《现代大学教育》2008年第1期。赵雷：《美国大学的教学学术管理及其启示》，《扬州大学学报（高教研究版）》2008年第4期。王玉衡：《美国大学教学学术运动》，《清华大学教育研究》2006年第2期。李春梅：《美国大学教学学术运动及其对我国高等教育改革的启示》《文史资料》2008年第4期。王玉衡：《让教学成为共同的财富——舒尔曼大学教学学术思想解读》，《比较教育研究》2006年第5期。王玉衡：《试论大学教学学术运动》，《外国教育研究》2005年第12期。王玉衡：《威斯康星大学实践美国大学教学学术思想述评》，《比较教育研究》2008年第1期。

③ 慕珊珊，姚利民：《教学学术内涵初探》，《复旦教育论坛》2004年第6期。耿冰冰：《大学教师教学学术水平初探》，《学位与研究生教育》2002年第2-3期。耿冰冰：《大学教师教学学术水平的内》，《北京理工大学学报（社会科学版）》2002年第11期。

④ 姚利民，慕珊珊：《教学学术型大学教师特征论》，《湖南大学学报（社会科学版）》2007年第5期。黄英：《关于高校教师教学学术水平的思考》，《浙江传媒学院学报》2005年第1期。

⑤ 姚利民，慕珊珊，郑银华：《大学教师成为教学学术型教师之路径探讨》，《大学教育科学》2006年第5期。

学学术的管理研究①等多个方面。

经过一段时间的努力,教学学术的理论平台已初步筑起。但实践中的问题似乎并未因此得到缓解。2008年,武汉大学通过问卷对大学生作出调查。调查发现,大学教学仍是学生们抱怨的焦点问题之一。"如今高校仍在沿袭上世纪80年代的模式,对教师有一年发表一篇论文、三年出一本书的要求。但如今已弊端迭现:教师过分专注科研,少与学生交流,使教学相长成为空话……如今导师让博士生和硕士生替自己上课的现象很普遍,高校内甚至出现'师不识生,生不识师'的尴尬局面。"② 另外,通过笔者对几所大学教师的访谈得知:大学教学实践中确实仍然存在严重的重研轻教问题,而且教学与科研日趋成对立之势。

为什么这些问题没有随教学学术思想的引入而得到解决呢?笔者认为原因就在于"教学学术"在我国仍然停留于思想层面,并未深入实践。或者说教学学术思想并没有得到有效落实。通过观察和访谈,笔者了解到:大部分教师对教学学术持拒斥态度。虽然也有部分教师对其予以认可,但他们反映在实践中很难将其落实。教学学术并未被普及和接纳。现实中,大学教学的学术性程度不高。

然而,大学教学实践对于教学学术思想的渴望却是强烈的。这种渴望不仅体现在各类大学评价和教学质量监督体系对大学教学的严格要求上,而且还体现在社会公众对大学教学质量的密切关注上,更体现在建设高等教育强国以及世界一流大学的远景期望上。它们共同对教学学术产生了强烈需求。无论是基于高等教育实践中问题的解决需要和质量要求,还是基于我国高等教育远景发展的考虑,如何将教学学术思想加以有效落实将是一个很重要的、但却尚未解决的问题。也正因为此,"如何在我国有效落实教学学术思想"就成为了本书所要解决的核心问题。围绕这一核心问题,本书还需要解决如下几方面的子问题:

---

① 崔国富,陈贺:《加强教学学术管理努力提高教学质量》,《吉林教育科学·高教研究》1997年第3期。

② http://news.sina.com.cn/c/edu/2007-12-28/151613161566s.shtml

1）教学学术的合理性何在？
2）教学学术的内涵、实现条件以及制约因素分别是什么？
3）教学学术得以有效落实的障碍是什么？它们是怎么形成的？又是如何阻碍教学学术贯彻落实的？
4）如何设计一套教学学术的制度保障体系？这种制度保障体系是什么样的？

2. 研究的意义

本研究所关注的问题源自现实，更源自既有理论中的不足。具有如下几方面的意义和价值。

（1）进一步丰富教学学术理论

本论题是基于已有理论研究的不足而提出的。因此，论题本身及其研究成果对于丰富已有的教学学术理论具有一定的意义。首先，通过对教学学术进行系统的合理性论证，一方面可以弥补已有教学学术理论中合理性论证的缺失；另一方面可以为教学学术的内涵、标准及实现路径等研究提供前提和基础。其次，已有的理论研究多侧重理念分析和概念探讨，停留于观念层面，对实践层面关注不够。虽有所涉及，但尚缺乏一定的理论根据和现实依据，缺少对于教学学术障碍的系统分析，更缺少对教学学术制度保障的系统研究。理论为实践之先导，理论层面的缺失本身已经构成了教学学术思想落实的一大障碍。本研究以教学学术的障碍分析作为研究重点，以教学学术的制度体系构建作为关键。这可以在一定程度上对理论研究中的部分缺失予以弥补，并对教学学术思想在落实过程中的理论障碍予以化解。同时，通过对教学学术所遇障碍作出深入解析，可以为教学学术今后的研究提供理论基础和依据。

具体来说，本研究丰富了教学学术的合理性研究。学术界已有对于教学学术合理性的论证多从合科学性这一层面上进行，缺少对教学学术价值合理性的判定。而在对于教学学术合科学性的论证方面，学者们仅局限于对"大学教学是否具有学术性"这一问题进行论证，没有考虑到学术的另一重要条件，即学术的认识论基础。既有研究缺乏历史的思考及对知识演变的考量，论证过于绝对，略显片面和武断。

（2）为教学学术的实践发展提供基础和导向

本研究可以为教学学术的实践与发展提供理论依据。教学学术的实践性很强，其最终旨趣在于改进大学教学实践，提升大学教学地位，促进大学教学质量的提升。本研究的思路不仅源于实践，更可以应用于实践。这对大学学术管理、大学教师管理以及大学评价等相关制度的改革均具有较强的指导意义。不仅文中的障碍研究可为教学学术的政策制定提供理论依据，而且文末的制度保障体系更可直接为教学学术的贯彻落实提供模板。本研究对教学学术的落实具有较强的参考和指导意义。

（3）为教育理论与实践的沟通搭建桥梁

教育理论与实践脱节不仅仅是教育实践难以得到改善的原因之一，也是教育理论的学术地位和学术尊严缺失的重要原因，更是教育学学科建设之路中的关键问题。正如刘庆昌所言："从教育理论到教育实践存在一个'实在化'的过程"，"教育学或教育理论系统内部存在着哲学、理学（科学）、工学、技艺四个层次"。"教育工学在教育学或教育理论系统中的结构性缺失，使得教育哲学理论和教育科学理论难以跨过鸿沟走向教育实践"。"教育思维和教育行动研究分别是教育理论走向教育实践的认识性中介和实践性中介"。[①] 教学学术既非纯粹的教育哲学、教育科学，也非纯粹的教育技艺，而恰恰是教育学理论中所缺失的教育工学，是教育思维和教育行动研究的思想载体，是教育理论走向实践的中介。这一思想的有效落实依赖于实际的制度保障。本研究通过对

[①] 刘庆昌：《教育知识论》，山西教育出版社2008年版，第15页。

"教学学术及其制度保障"作出系统研究,可以为教育理论与实践的沟通搭建桥梁。

3. 研究现状述评

学术界对于教学学术已有一定数量的研究。对已有研究的概况作出了解不仅对于提出问题是必要的,对于解决问题更是必要的。一方面,已有研究的成果可以为后续研究提供养料支持;另一方面,已有研究的不足可以为后续研究提供观念出口。

(1) 教学学术的内涵研究

自从博耶在1990年提出"教学学术"以来,西方学术界对其内涵一直存有争议。争议先后经历了两个阶段:其一,内涵理解侧重点的转移阶段;其二,内涵界定渐至清晰的阶段。

1)内涵理解侧重点的转移阶段

在这一阶段,学术界对"教学学术"内涵的理解发生了侧重点的转移,由对教师教的强调转向了对教师教和学生学的强调。"教学学术"实现了由"教的学术"(Scholarship of Teaching, SOT)到"教与学学术"(Scholarship of Teaching and Learning, SOTL)的转变。

最初,西方学界对于教学学术的理解多侧重教学。如卡内基教学促进基金会主席欧内斯特·博耶(Ernest Boyer)认为:教学学术型教师应既是一名学者又是一名学习者,他们应见闻广阔、拥有进一步学习的能力,并能够鼓励学生成为批判性、创造性的思考者。[1] 博耶只对教师作出了描述性要求,强调知识由教师向学生的单向传递和传播,学生的

---

[1] Boyer, E. *Scholarship Reconsidered: Priorities for the Professoriate*. Carnegie Foundation for the Advancement of Teaching, Princeton. NJ. 1990. 24.

主动性没有得到足够的重视。基于博耶的理论，赖斯（Rice）又进一步认为教学学术包括句法能力、教育学能力和学习理论知识三个基本要素。其中，句法能力（a synoptic capacity）即将学科知识以连贯的和可理解的方式组织，将已知的知识放入特定情境中，在学生和已知知识之间建立联系的能力；教育学能力（pedagogical content knowledge）即以能够将教学内容和过程融合的方式呈现主题，通常会使用比喻、类比和试验等方式；学习理论知识（what we know about learning）即关于学生如何理解教师所说和所做的学术性思考。① 可以看出，赖斯对于教学学术的描述仍然是指向于教师、教学的。

在现代社会，伴随信息技术的普遍运用，知识的发展日趋迅速，学生的学习开始变得更加复杂多样。学生们除了从教师所提供的教学内容中学习外，更大程度上还要与教师一起作为知识和学习的生产合作者。② 学生学习的复杂化对以教师教学为重心的教学学术理解提出了挑战。基于此，卡内基教学促进基金会现任主席舒尔曼（Lee Shulman）对教学学术的内涵及时做出了修正。他认为教学和学习是关系密切的两种活动，教学学术应体现为教和学两种学术形式。③ 教师既应对教的问题做出探究，更应对学的问题进行系统研究。舒尔曼提出了"教与学的学术"（Scholarship of Teaching and Learning, SOTL）。舒尔曼的这一见解产生了很大的影响力。在他的推动下，"教学学术"（Scholarship of Teaching, SOT）扩展成为"教与学学术"（Scholarship of Teaching and Learning, SOTL）。

2）内涵界定渐至清晰阶段

起初，教学学术总是与其他类似的活动相混淆。人们对教学学术的

---

① Rice, R E.*Toward a broader conception of scholarship : the American context. In Whiston .T G and Geiger, R L(eds) Research and Higher Education. The United Kingdom and the United States*, Society for Research into Higher Education and Open University Press. Buckingham. 11. 1992. 125

② Barr. R B and Tagg, J. *From teaching to learning – A new paradigm for undergraduate education* . Change. 1995. 15.

③ Shulman, L. S. *Taking learning seriously* . Change (July/August). 1999. 11 – 17.

理解存在偏差。归纳起来，这些偏差大致有以下几类：认为教学学术等同于传统学术，强调教学学术是教师对其学科教学作出研究并将成果出版发表的过程（e. g. Healey,2000; e. g. Richlin,2001）；认为教学学术等同于优秀教学（Morehead & Shedd, 1996）；认为教学学术等同于学术性教学，强调教学学术是教师利用教学和学习理论指导其实践的学术性过程。（e. g. Menges & Weimer,1996）。① 后来，伴随人们对教学学术认识的不断深入，学术界对教学学术的理解开始形成多种角度的解读和阐释。

① 教学学术的特征描述。

公开、被批判和评价、能够交流并可被同行共享②被舒尔曼认为是学术活动的三个基本特征。他的观点突出强调了公开化对于教学学术的重要意义，旨在让教学成为学术共同体可以分享的"财富"，并认为这才是教学学术的真正内涵所在。③ 卡姆布雷德（Cambridge, B. L.）④ 也强调了公开对于教学学术的重要意义。他认为若要使教学成为学术，就需要"将发现公开化，接受同行对其方法、结论的评价，并基于这种评价，改进他们的教学和学术研究"。英国的学者特里格维尔等人（Keith Trigwell and Suzanne Shale, 2000）认为：将教学促进学习的整个过程透明化、公开并得到公众的监督和评价的过程便是教学学术。⑤ 李硕豪等人对教学学术的若干特征作了勾画，认为学术水平层面上的大学教学特点主要体现于以下几个方面：教师能理解、鉴别并扩展学术性教

---

① C Kreber & P A Cranton. *Exploring the scholarship of teaching* . Journal of Higher Education. 71 (4). 2000. 476 – 495.

② Shulman, L. S. *From Minsk to Pinsk : why a scholarship of teaching and learning ?* Journal of Scholarship in Teaching and Learning (JoSoTL). 1 (1). 2000. 48 – 53.

③ 王玉衡：《让教学成为共同的财富——舒尔曼大学教学学术思想解读》，《比较教育研究》2006 年第 5 期。

④ Cambridge, B. L. *The scholarship of teaching and learning : a national initiative.* in M. Kaplan & D. Lieberman (Eds) To improve the academy (Bolton, MA, Anker). 2000. 18, 56.

⑤ Trigwell, K., Martin, E., Benjamin, J. & Prosser, M. *Scholarship of teaching : a model* . Higher Education Research and Development. 19. 2000. 155 – 168.

学内容；教学过程能促进和发展学生智力、能力；教学过程应有一定程度的开放性等方面。① 另外，姚利民等人认为教学学术型教师应该是那种富有教育知识、充满问题意识、展现教学机智、进行有效交往和产生重要影响的人。②

② 教学学术的成分描述。

特里格维尔等人（Martin, E., Benjamin, J., Prosser, M. & Trigwell, K., 1999）认为教学学术包含对本学科的教学实践和学生学习作出反思、与同行就教学实践作出交流和将通过反思交流形成的理论观点公开发表三个基本要素。③ 我国学者俞信等人认为大学教师教学学术水平的内涵主要包括对党的教育方针和政策的理解程度、教育学和教学论的理论功底和教师在教学活动中表现出来的能力等四个方面。④ 綦珊珊等人认为"教学学术是大学教师在教学实践中表现出来的知识、能力和素质。教学学术包含知识成分、能力成分和素质成分"。⑤

③ 教学学术的水平描述。

耿冰冰认为教学学术是一种水平，它体现为大学教师的专业知识和教育教学理论知识功底以及其在教学的研究、交流以及反思实践等活动中表现出来的各种能力。⑥ 黄英认为大学教师的教学学术水平主要反映在以下几个方面：首先，具有较好的职业道德是大学教师教学学术水平的基本要求；其次，具有教育学、心理学和教学论的理论功底是大学教

---

① 李硕豪，代飚：《论教学的学术水平》，《煤炭高等教育》1998年第1期。
② 姚利民，綦珊珊：《教学学术型大学教师特征论》，《湖南大学学报（社会科学版）》2007年第5期。
③ Martin, E., Benjamin, J., Prosser, M. & Trigwell, K. *Scholarship of teaching: a study of the approaches of academic staff*. in: C. Rust (Ed.) Improving student learning: Improving student learning outcomes (Oxford, Oxford Centre for Staff and Learning Development, Oxford Brookes University. 1999.
④ 俞信，于倩：《着力提高大学教师的教学学术水平》，《中国高等教育》2000年第5期。
⑤ 綦珊珊，姚利民：《教学学术内涵初探》，《复旦教育论坛》2004年第6期。
⑥ 耿冰冰：《大学教师教学学术水平的内涵》，《北京理工大学学报（社会科学版）》2002年第4期。

师教学学术水平的基本内容；再次，教师在教学活动中所表现出来的能力是大学教师教学学术水平的核心内容；最后，在教学研究与实践中取得的成果，主要包括教师对教育教学实践经验的总结，教师对教育教学理论的创新。①

④ 教学学术的模型构建。

加拿大阿尔伯塔大学的克莱博（Carolin Kreber，2002a）教授强调反思和交流的重要性，并在此基础上进一步着手于教学学术模型的构建，提出了基于三种反思形式和三个知识领域的三乘三矩阵模型：认为成功的教学需要教师对教学、教育学和课程三个领域分别作出内容的、过程的和前提性的反思，获得相应的理论知识和实践知识，并要接受同行评议。②

特里格维尔等人（Keith Trigwell and Suzanne Shale，2004）③ 在既有的教学学术内涵理论基础上进一步构建了教学学术模型（如图1-1）。其主张与过去的观点相比更为完备也更具有实践倾向。模型包含三个相互联系的基本要素：知识、实践和成果。其中，教师已有的教学和学习理论、教学学习观念和学科知识背景构成了知识要素；教师对教学和对学生成绩的调查评价、教师对教学实践的反思和交流构成了实践要素；学生的学习成就、教师的教学论文和教师教学的满意度构成了成果要素。在教学的整个过程中，"知识"支撑并影响教学"实践"，产生相应的"成果"。反过来，"成果"又会影响并进一步形成新的"知识"和"实践"。当要素之间的相互作用经由同行评议并被公开化之后，教学学术过程的一个轮回便得以完结。

---

① 黄英：《关于高校教师教学学术水平的思考》，《浙江传媒学院学报》2005年第1期。
② Kreber, C., *Controversy and consensus on the scholarship of teaching*. Studies in Higher Education. 27 (2). 2002. 151-167.
③ Keith Trigwell and Suzanne Shale. *Student learning and the scholarship of university teaching*. Studies in Higher Education. 29 (4). August. 2004.

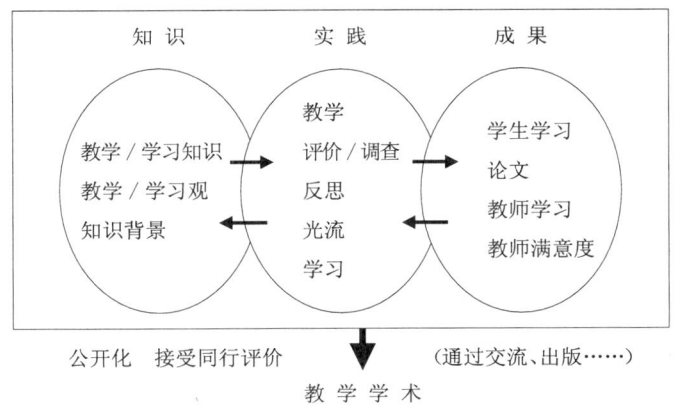

图 1-1 教学学术的实践模型

此外,还有许多学校在其政策文本中对教学学术作出了描述性界定。如美国的布法罗州立学院(Buffalo State College,2003)在个人政策文件中对教学学术作了这样的描述:教学学术意味着将教学经验和科学研究进行整合,并于其中产生学术性成果。这是一个由教师通过系统观察和调查进行的持续的、累积渐进的智力探索过程。在加州多明尼克大学(Dominican University),教学学术被看成是"对学习过程的反思和系统分析,并对学术成果进行交流的过程"。伊利诺伊州立大学(Illinois State University)则将教学学术定义为对公开化的教学和学习的系统反思和探究。[①]

由此可见,受多种因素影响,学术界对教学学术的理解趋于多元化。这造成了教学学术概念的模糊混乱状态,并因此影响到学术内涵的重构、教学地位的提升。[②] 从另一个角度看,虽然学界对于教学学术内涵的界定尚未达成同一,但对其成分的构成却已达成基本共识:反思、

[①] Kathleen Mckinney. *Enhancing Learning Through the Scholarship of Teaching and Learning*. Jossey-Bass. 2007. 4-5.

[②] Maxine P. Atkinson. *The Scholarship of Teaching and Learning: Reconceptualizing Scholarship and Transforming the Academy*. Social Forces. June. 79 (4). 2001. 1217-1230.

交流和公开化。同时，多元化的理解在很大程度上也大大丰富了人们对于"教学学术"的认识。

（2）教学学术的合理性研究

自"教学学术"出现后，不少学者曾对之提出质疑，试图在教学和学术之间寻找契合之处以求证"教学学术"的合理性。另外，也有学者试图通过对其合理性的论证达到进一步理解"教学学术"的目的。虽少有专文阐述，但可从文献中提取相关资料对其综述如下。

博耶提出"教学学术"的过程本身就是对其合理性的说明过程。他通过一种新的学术范式扩大了学术内涵，将教学自然地含于其中。他认为学术不仅意味着通过研究来发现新的知识，"还意味着通过课程的发展来综合知识，还有一种应用知识的学术，即发现一定的方法去把知识和当代的问题联系起来，还有一种通过咨询或教学来传授知识的学术"。[①] 学术包括四种形式：探究的学术、整合的学术、应用的学术和教学的学术。教学具有学术性，是一种学术。

赖斯（Rice）指出，学术活动包含具体的和抽象的（concrete - abstract）以及反思的和积极的（reflective - active）两个基本维度。具体的和抽象的维度涉及发现知识，一极是抽象的、分析的方法；另一极是始于具体的经验和从各种背景、关系、团体中学习知识的认识活动。反思的和积极的维度与如何加工知识有关，通过反思性的观察、实践获取更加有用的知识或达到更加实际的结果。[②] 抽象的科学研究、具体的认知活动、反思性的观察和积极的实践所代表的学术研究都应当得到认可和尊重。大学教学作为一种认知活动，涉及反思性的观察和积极的实践。因此，大学教学具有学术性，是学术。

斯科（Schon）将杜威的思维五步法用来类比教学。杜威认为探究

---

① ［美］欧内斯特·博耶著：《关于美国教育改革的演讲》，涂艳国，方彤译，教育科学出版社2002年版，第65页。
② 顾建民，董小燕：《美国高校的学术反思与学术评价》，《高等教育研究》2002年第2期。

同行动紧密联系在一起,即在行动中反思(reflection – in – action)和对行动作出反思(reflection – on – action)。对解决问题的方案予以质疑,产生新的问题。他认为杜威所说的探究就如同教学设计。教师在充满复杂性和不确定性的条件下作出决策,就像律师决断一宗案件、医生确立一个诊疗方案一样。① 这个设计的过程需要教师在教学过程内外的各种行动中的反思(reflection – in – action)和对行动的反思(reflection – on – action)。斯科认为这与莱温(Lewin, 1995, p. 31)的行动研究过程相类似。由此,他认为,教学应该采取行动研究的方式,应作为学术而存在。

克雷斯和斯蒂曼(Cross & Steadman)认为:"大学教师的教学需要探究、分析教学和学习的性质,需要整合不同学科的知识来理解和应对课堂教学情境,需要在教学和学习的过程中应用已知的关于学生学习的知识,需要在教学中不仅仅是传递知识,更重要的是改造和扩展知识。"这与博耶对于学术的定义和分类相一致,进而论证了教学的学术性。②

本德(Bender)和格瑞(Gray)认为科研和教学在其基本目标上是相同的,即它们均指向于学习的过程。③ 因此,教学同科研一样也应属于学术的范畴。

舒尔曼也对教学学术作出了自己的论证。首先,他对学术的特征或标准作了阐述。他认为公开、能够面对批判性的评论和评价、能够与所在学术圈中的其他成员进行交流和使用是学术活动都应该具有的三个重要特点,也是所有学术形式的核心内容。其次,他进一步对教学的学术

---

① Schon, D. A. *The new scholarship requires a new epistemology*. Change. November/December. 1995. 27 – 34.

② M Healey. *Developing the scholarship of teaching geography in higher education* [OL]. www. chelt. ac. uk/gdn/confpub/boston. htm. 2004 – 01 – 08. 转引:姚利民,綦珊珊. 论大学教学的学术性 [J]. 高等理科教育, 2005 (6): 55 – 58.

③ Bender E, Gray D. The scholarship of teaching. Research and Creative Activity [serial online]. 1999; 22. Available at: www. indiana. edu/~rcapub/v22nl/p01. html. Accessed May 9. 2005.

标准做了提炼，找到了教学与学术之间的契合点，论证了教学具有学术性。他认为教学包括设想、设计、互动、结果和分析五个要素，是一种长期的探索过程。同其他学术形式一样，教学最终也以成果的形式呈现，并且其成果的显露也同样要经历一段长时间的过程。[①] 当教师通过公开、接受同行评价的形式与所在专业社团的其他成员进行成果交流之时，具有学术性的教学就变成了学术。

我国学者姚利民、綦珊珊从大学教学的实践层面对教学学术的合理性作了论证。认为大学教学实践构成了教学学术性的基础。教学的学术性是由大学教学任务的多样性、教学内容的高深性、教学对象的差异性、教学情境的复杂性和教学过程的探索性共同决定的。[②]

学者们通过寻找学术和教学二者之间的契合点，先后不同程度地对教学学术的合理性做了论证。这在一定程度上肯定了"教学学术"的价值。合理性的论证很重要，是教学学术得以推广的前提性、条件性说明。但是，已有研究多为附着于相关文献的零星讨论，缺少专文的系统论证。有关的"合理性研究"尚缺乏一定的深度和系统性。

（3）教学学术的评价标准研究

一个新术语被提出后，学术界除了要明确其内涵，还要厘清其基本特征。即还要明晰：什么样的教学才能称得上是学术？教学学术的评价标准是什么？一方面，通过对评价标准进行提炼，可以进一步明确教学学术的内涵；另一方面，通过对评价标准进行研究，可以促进并保障教学学术的落实。要使大学管理者及教师对教学学术予以承认并进而在校园内形成一种新的教学文化，相关评价制度体系的修正和建设是前提。否则，既有的教师、教学等管理方式很容易成为教学学术落实及进一步发展的障碍。几乎与教学学术的提出同步，学者们又进一步对教学学术

[①] 顾建民，董小燕：《美国高校的学术反思与学术评价》，《高等教育研究》2002 年第 2 期。

[②] 姚利民，綦珊珊：《论大学教学的学术性》，《高等理科教育》2005 年第 6 期。

的评价标准展开了系列研究。

博耶对教学学术评价标准的界定仅仅停留为描述性的勾画,并未提出更具操作性的明确的评价标准。如,他认为从事教学学术的教师应该"深入地理解教学内容,在教师的理解和学生的学习间建立桥梁,认真地计划并检查教学程序,刺激主动学习,以超越于传播知识并实现改造和扩展知识"①。

克拉博和卡顿(Kreber & Cranton,1995)认为对教学学术作出判断可以参照六方面标准:"高水平的与学科相关的专业知识、具有创新性、知识可以复制或详尽描述、可以用文献或资料予以证明(包括教案和关于自己教学的反思性论文)、教学能被同行评论(发表有关本学科教学的研究论文)、产生了重要影响。"②

之后,格拉塞克等人(Charles Glassick, Mary Taylor Huber, and Eugene Maeroff, 1997)在1997年撰写的《学术水平评估》③一书中,提出了明确的目标、充分的准备、适当的方法、显著的成果、有效的表达和反思性批判等六条学术的普遍特征或者说是评价标准。

舒尔曼(Shulman,1993)更进一步认为将教学经验及理论思考进行交流并将其公开化为同行所讨论和评价是教学学术最重要的也是更具体的判断标准。④ "教学像其他形式的学术一样是一种成果。当教师将工作公开、接受同行评价和批评,并与所在专业社团的其他成员进行交流时,反过来又加强了自己的工作,这时教学就变成了教学学术。"⑤

---

① Michael Theall, John A. Centra. *Assessing the Scholarship of Teaching : Valid Decisions from Valid Evidence* . New Directions for Teaching and Learning. 86. Summer 2001. Jossey – Bass.
② 綦珊珊:《论大学教师的教学学术》,湖南大学硕士学位论文2005年版。
③ Glassick, C. E., Huber, M. T., Maeroff, G. I. . *Scholarship Assessed : Evaluation of the Professoriate* . San Francisco: Jossey – Bass, 1997. 6 – 7. 35.
④ Shulman, L. S. *Teaching as community property* . Change (November/December). 1993. 6 – 7.
⑤ 王玉衡:《试论大学教学学术运动》,《外国教育研究》2005年第12期。

英国学者特里格维尔等人①(Trigwell, K., Martin, E., Benjamin, J. & Prosser, M., 2000)以澳大利亚大学的20名学者为对象,通过以"对教学学术的理解"为主题展开访谈,抽象出了一个教学学术程度评价模型。该模型从四个维度对教学的学术性程度加以衡量:知识(信息)维度、反思维度、交流维度、观念维度。

表1-1 教学学术的多维模型

知识维度	反思维度	交流维度	观念维度
使用非正式的教学、学习理论	没有或者无意识地反思	没有交流	以教师中心的方式看待教学
熟悉掌握一般的教学、学习理论	在行动中反思	同本系教师进行交流	
熟悉掌握学科教学、学习理论		在当地或者全国性会议上做汇报	
进行行动研究,掌握句法能力以及教育学知识	站在学生的角度作出反思	在国际学术性期刊上发表文章	以学生中心的方式看待教学

应用此模型,不具备教学学术特征的教师具有如下行为表现:倾向于应用非正式的教学和学习理论指导其教学实践;秉持教师中心而非学生中心的教学观;对教学实践缺乏反思,即便有所反思也只关注自己的教学而非学生的学习;将教学视为一种个体的、私人的活动,具有明显的保守倾向,缺乏交流和沟通。相反,具备教学学术特征的教师一般表现为:更倾向于主动学习、应用相关理论;不仅看到教师自身,而且更关注于学生;积极通学调查对教学进行反思;主动将自身的教学思考及实践与同行交流。位于以上两极之间的教师,虽然也具有某些教学学术特征,也从事某些教学学术活动,但其始终秉持教师中心的教学观,关注的也只是教师应该如何组织教学。

---

① Keith Trigwell, Elaine Martin, Joan Benjamin, Michael Prosser. *Scholarship of Teaching: a model*. Higher Education Research & Development. 19(2). 2000.

克莱博（Kreber，C.，2002）提出的教学学术模型也可被视为一套教学学术评价指标体系而用于评价教学学术。她认为教学过程涉及三种反思和三种知识。其中，三种反思体现为内容反思——是什么、过程反思——怎么做、前提反思——为什么。三种知识又体现为教学知识、教育学知识和课程知识。三种反思与三种知识交互作用进一步生成反思的九种形式或者说教学学术的九种运作形式，构成三乘三矩阵。而这三乘三矩阵则可为评价教学学术提供指南。也就是说，可以将这九种教学学术活动形式进一步细化生成相应的评价标准，用于考量教学学术的行为程度。[1]

（4）教学学术的发展研究

为促进教学学术在实践中得以有效落实，西方学者以访谈调查为手段对各类大学的实际情况做了针对性分析，阐明了教学学术在实践中遇到的若干障碍，并有针对性地设想了若干发展措施。

1）教学学术的障碍分析

教学学术的实施效果并不理想。2004年，卡耐基教学促进基金会组织实施了一项全国范围的调查。调查对象包括1424位来自不同类型的学院及大学、不同学科专业的大学教师。调查结果很让人失望：大约有75%的被调查者反映他们在过去的三年里没有发表有关教学学术的研究成果。[2] 教学学术在大学实践中面临阻力，学术界有研究认为教学学术在大学实践中面临的障碍有多个方面。

障碍一：教学学术自身理论的不成熟阻碍了教学学术有效落实。

英属哥伦比亚大学的布谢尔（Roger Boshier，2009）教授认为研究型大学中阻碍教学学术发展的因素体现于如下五个方面：博耶（1990）对教学学术的概念界定存在混淆；教学学术往往被用作其他相关活动的

---

[1] Kreber, C., *Controversy and consensus on the scholarship of teaching*. Studies in Higher Education. 27 (2). 2002. 151-67.

[2] *Are Faculty Doing the Scholarship of Teaching?*. The Teaching Professor. August/September. 2004.

同义语；教学学术难于操作；很多关于教学学术的演说是反理智的，并且是狭隘新自由主义的表现；教学学术过于依赖同行评议。①

障碍二：大学教师的传统观念不利于教学学术有效落实。

大学教师对于学术和教学所持的传统观念构成了教学学术顺利实施的观念障碍。首先，传统的学术观不利于教学学术的有效落实。大部分教师认为只有从事高深学问的探究、发表论文和著作才是真正的学术活动，同时这也是其在学术圈内获得地位和声望并进而表明其专家身份的重要因素。② 其次，传统的教学观不利于教学学术的有效落实。这种问题在两年制学院中体现得更为明显。理论上讲，以教学为中心的两年制学院应该更加关注并致力于课堂教学改革。但事实并非如此。在实用主义的文化背景下，教师们往往认为对教学进行反思并与同行分享成果是件浪费时间甚至分散精力的事情。这种现象在高等教育问责突出且经费缩减的背景之下变得更为严重且普遍。他们往往并不把自己看成是一名研究者，而仅仅将自己看成是知识的传播者或者是由专业知识到初学者之间的翻译人。③

障碍三：大学教师评价奖励制度不利于教学学术有效落实。

教学学术产生之后，人们很快认识到已有学术评价制度对其发展造成的限制和制约。这种限制和制约突出体现在大学教师的聘任和晋升过程中。④ 大学中存在日益严重的重科研轻教学现象。卡内基教学促进基金会在 1990 年组织实施了一项全国性调查。调查结果显示：从 1969 年到 1989 年，综合性大学中选择非常赞同"如果不出版或发表就很难终

---

① Roger Boshier. *Why is the Scholarship of Teaching and Learning such a hard sell?* Higher Education Research & Development. 28（1）. March 2009. 1–15.

② Bruce B. Henderson and Heidi E. Buchanan. *The Scholarship of Teaching and Learning: a special niche for faculty at comprehensive universities?* Research in Higher Education. 48（5）. August 2007.

③ Howard Tinberg, Donna Killian Duffy, and Jack Mino. *The Scholarship of Teaching and Learning at the Two - Year College: Promise and Peril*. Change. July/August. 2007.

④ Howard N. Shapiro. *Promotion & Tenure & the Scholarship of Teaching & Learning*. Change. March/April. 2006.

身聘用"的人数百分比从6%涨到了43%。① 2002年,有研究者对教学学术在一所研究型大学中的地位做了一项调查。94%的被调查者指出:从事教学学术将对他们的事业产生负面影响(46%)或不产生任何影响(48%)。② 卡内基教学促进基金会的学者泰勒(Mary Taylor Huber)和考克斯(Rebecca Cox)指出:虽然现有的评价标准很客观,历史也很悠久。但正是这种历史的久远性形成的惯性容易让人们认为这种新的学术类型不是学术。学术的评价标准并未随学术内涵的改变而改变,仍然固守传统。教师们认为从事教学学术是一种冒险行为。③ 教师在教学学术方面的努力和成绩在其参与聘用、晋升和价值评估时总是不被奖赏。

障碍四:教师沟通机制的匮乏不利于教学学术有效落实。

公开化是教学学术的重要特征。因为只有通过公开化才能使教学知识和思考超越个体,成为公共财富并最终实现知识的创造和创新。但是,教师们仍然生活在舒尔曼(Lee Shulman)所说的"教学孤岛"(pedagogical solitude),教师从事教学交流的比例很低。有学者通过调查,发现在过去的一年里仅有不到10%的教师发表教学相关的研究论文。这在本应以教学为其主要职责的两年制学院中也是如此。教师之间很少有时间对教学进行交流。另外,用于教学会议的经费不足也是教师教学隔离的重要原因。④

障碍五:大学教学管理制度不利于教学学术有效落实。

刘春闳和时伟教授从教学学术的视角对当前的大学教学管理制度作出了审视,指出当前大学的教学管理制度制约着教师的教学学术发展:首先,教学管理者缺乏学术观念;其次,教学质量意识不足;再次,缺

---

① Boyer, E. L. *Scholarship Reconsidered: Priorities of the Professoriate*. Carnegie Foundation for the Advancement of Teaching, Princeton, NJ. 1990. 12.

② McKinney, K. *The Scholarship of Teaching and Learning: Past Lessons, Current Challenges, and Future Visions*. To Improve the Academy. 22. 2004. 3 – 19.

③ Mary Taylor Huber, Senior Scholar, and Rebecca Cox, Research Assistant. *Carnegie Perspectives: A different way to think about teaching and learning*. February 2004.

④ Howard Tinberg, Donna Killian Duffy, and Jack Mino. *The Scholarship of Teaching and Learning at the Two – Year College: Promise and Peril*. Change. July/August. 2007.

乏有效的评价体系；最后，激励与约束机制不够健全。①

此外，现有学术期刊的编审录用稿件时的惯性思维以及教师的教学负担过重也是阻碍教学学术有效落实的重要因素。

2）教学学术的发展路径研究

① 通过大学制度的改革为教学学术提供制度环境。

博耶提出了教学学术的发展对策，即对教师作出多样化的分类评价，实行"创造性契约"（creativity contracts）。学校可为教师的发展制定周期性的合同契约和时间安排，教师可以根据其兴趣和院系的需要选择自己近期的研究工作和发展重点。② 本德尔（Bender，2005）等多位学者认识到要想更好地发展教学学术，改变大学的评价结构是教学学术本身之外的另一个重要目标。③ 刘春宏和时伟教授进一步从制度管理层面指出为了促进大学教学学术的发展，首先应该以教学学术理念统合教学管理制度；其次，要形成教学学术取向的教学质量评价制度；再次，要构建系统化的教学管理制度；最后，应建立基于教学学术的激励和约束机制。④ 东北师范大学的王丹凤在其硕士学位论文《教学学术视角下的大学教师专业发展研究》中以促进大学教师专业发展为目标为大学教师的教学学术发展作出了一套制度设计。第一，重视政策导向，充分肯定教师教学的学术水平；第二，改革教师选拔和聘用制度；第三，改革学术评价和教师评价标准；第四，创新教师奖励制度，实现教师教学发展的法制化和规范化。⑤

---

① 刘春宏，时伟：《大学教学管理制度的缺陷与对策——大学教学学术的视角》，《理工高教研究》2008年第2期。

② Boyer, E. *Scholarship reconsidered: Priorities for the professoriate*. Washington: Carnegie Foundation for the Advancement of Teaching. 1990.

③ Bender, E. T. *CASTLs in the air: The SoTL movement in mid - flight*. Change. 37. 2005. 40 - 49.

④ 刘春宏，时伟：《大学教学管理制度的缺陷与对策——大学教学学术的视角》，《理工高教研究》2008年第2期。

⑤ 王丹凤：《教学学术视角下的大学教师专业发展研究》，东北师范大学硕士学位论文2008年版。

② 致力于教学学术的自主发展。

罗宾逊（Robinson and Nelson, 2003）[①]和赫钦斯等人（Huber and Hutchings, 2005）[②]认为上述指向结构变革的观点存在误区，从结构上改变大学教师评价制度很困难，而且对于教学学术的评价机制也尚不完备，但是可以探索提升和促进教学学术的措施。英国学者柯林斯等人（Adam Palmer and Roz Collins, 2006）认为有必要建立与教学学术相适应的教师激励模型，以实现对教师教学工作的有效奖励和激励。并借用了组织行为学中的波特－劳勒（Porter and Lawler, 1968）的综合性激励模式（期望理论），结合教学和学习的特点构建起了关于大学教学的评价激励模型。[③] 沃克等人（J. D. Walker, Paul Baepler, and Brad Cohen, 2008）以明尼苏达（Minnesota）大学的实践为案例阐释了当大学评价机制尚未作出改变时，大学该如何鼓励教师从事教学学术的诸多措施。另外，赫钦斯等人（Huber and Hutchings, 2006）提出了"教师学会"（teaching commons），佩斯等学者（Middendorf and Pace, 2004）提出了"教师学习社团"（faculty learning communities）；舒尔曼（Shulman, 2004）提出了"学习研究会"（learning academies）。赫钦斯（Hutchings, 1996）提供了一个促进教学学术的措施表单，包括教学协会、进行相互的课堂互访和观察、检查和指导、教学团队、加强合作等。[④]

③ 通过职前教育培养教学学术人才。

克莱博（Carolin Kreber, 2001）[⑤]主张从大学教师发展和研究生

[①] Robinson, J. M., and C. E. Nelson. *Institutionalizing and diversifying a vision of the scholarship of teaching and learning*. Journal on Excellence in College Teaching. 14. 2003. 95–118.

[②] Huber, M., and P. Hutchings. *Building the teaching commons*. Change (May/June). 2005. 25–31.

[③] Adam Palmer and Roz Collins. *Perceptions of rewarding excellence in teaching: motivation and the scholarship of teaching*. Journal of Further and Higher Education. 30 (2). May 2006. 193–205.

[④] J. D. Walker, Paul Baepler, and Brad Cohen. *The scholarship of teaching and learning paradox: results without rewards*. College Teaching. 56 (3). Summer 2008. College Teaching.

[⑤] Carolin Kreber. *Implementation in Faculty Development and Graduate Education*. New Directions for Teaching and Learning. 86. Summer 2001.

教育着手促进教学学术的发展。其中，针对如何通过研究生教育促进教学学术提出了诸如改变研究生课程计划、允许学生做学科内教育学方面的专题研究及学位论文、为研究生提供教学实习的机会等五项建议。

④ 通过大学教师发展促进教学学术的落实。

克莱博（Carolin Kreber，2001）[①] 以大学教师发展为视角对促进教学学术的发展提出了诸如在院系范围内建立合作性的行动研究计划、允许教师在数年内集中从事教学学术、建立基于教育学理论和研究的专题讨论会和研讨小组、成立院系范围的关于学科教学和相关材料的读书会等五项建议。我国学者姚利民等人主要关注于大学教师这一主体自身对于教学学术型教师达成路径的探讨。认为大学教师要成为教学学术型教师需要做到以下几方面：第一，大学教师要认识与重视教学学术，教师对教学学术的认识和理解程度将直接影响他们是否致力于提升教学学术水平；第二，大学教师要接受教学培训，包括职前培训、青年教师的在职培训和中老年教师的在职培训三个必要过程；第三，大学教师要学习教学。主要学习教育教学知识和教学学术理论以及新时期的教学对策；第四，强调了实践和反思对大学教师成为教学学术型教师的重要作用；第五，要求教师重视对教学的研究，具体可以采取独立研究和合作研究两种方式。[②]

（5）教学学术研究评价

综上所述，西方对教学学术的研究已较为系统，既涉及理论层面的教学学术内涵、合理性的研究，也涉及实践层面的教学学术评价标准、实现障碍和发展路径等方面的探讨。相对西方，我国的教学学术研究尚处于起步阶段。已有研究多集中在对国外教学学术思想和运动的介绍，

---

① Carolin Kreber. *Implementation in Faculty Development and Graduate Education*. New Directions for Teaching and Learning. 86. Summer 2001.

② 姚利民，綦珊珊，郑银华：《大学教师成为教学学术型教师之路径探讨》，《大学教育科学》2006 年第 5 期。

较侧重理念探究，较少对实践予以关注。综观中西方的研究，笔者发现仍有很多问题值得探讨。就与本论题相关的研究文献来看，具体有以下几个方面：认为教学学术的具体内涵很难予以界定（Richlin，2001）；认为教学学术不合学术的传统标准，是学术的非法形式（Ziolkowski，1996）；认为教学学术对于教学实践的改进缺乏直接的联系（McKinney，2006）等等。

1）教学学术的合理性研究不深入、不全面

由于教学学术思想同已有的学术观和教学观差距较大，学术界以及一线的高等教育管理者和大学教师对它的接受会比较困难。另外，就教学学术自身的理论域来讲，合理性研究也是一个前提性或者说是基础性的问题，它是教学学术其他方面理论的依据和支撑。因此，无论从哪个方面来讲，教学学术的合理性论证都是非常有必要的。然而，在国内外的相关文献中，却很少有对教学学术合理性的专门性的系统论证。这必然会造成教学学术理论基础的缺失。

2）教学学术的障碍研究缺乏依据支撑

首先，障碍研究缺乏现实依据。国内关于教学学术的障碍研究很少，而且多是基于观察的感性认识，尚缺乏对于现实的具体考察分析，使结论缺乏一定的现实根基。其次，障碍研究缺乏理论依据。已有的障碍研究多为泛泛而谈，缺乏更为深入的反思和思考。如缺少对于"障碍是如何产生的"、"障碍是如何运作并阻碍教学学术贯彻落实的"等诸如此类的深层次问题的探寻。

3）教学学术的路径研究缺乏针对性、独立性和包容力

路径研究具体是指制度体系的构建，因为任何一种理念或目标都必须依靠一整套的制度安排来实现。[1] 但已有的路径研究存在针对性、独立性和包容力欠缺等问题。首先，路径研究缺乏针对性。由于障碍研究相对缺乏现实和理论依据，导致路径建议相对空洞，口号性质的居多，

---

[1] 顾建民著：《自由与责任 西方大学终身教职制度研究》，浙江教育出版社2007年版，第4页。

欠缺针对性,使建议的可行性和有效性遭受质疑。其次,路径研究缺乏独立性。既有的制度设计多局限在现有的大制度框架内,停留于对已有制度的修修补补、锦上添花,很少有相对独立的制度保障体系构建。而既定的制度体系和实施机制是同教学学术的思想背道而驰的,局部的修补只能发挥有限的作用,或者受现有制度体系的压制而最终窒息毙命。最后,路径研究包容力差。既有的制度设计多拘于狭义的理解,停留于外在制度层面的探讨,仅仅强调行为规则的制定及其重要性,而忽视了内在制度的养成及制度环境的构建。"根据新制度主义的观点,'制度'不仅仅是行为规则,它包括了从历史传统、价值观念、法律法规到行为规则的连续体。在这个连续体中,历史传统和价值观念是制度构成的基础,而法律法规和行为规则是制度的外在表现。这也可以说,历史传统和价值观念是内在制度,而法律法规和行为规则是外在制度,两者互为表里。"[①] 内在制度作为观念和环境的基础,影响并制约外在制度。只注重外在制度的构建,而忽视内在制度的营造和改变,不能从根本上保障教学学术思想的有效实现。

  理论研究中的这些问题已成为制约教学学术实践的重要因素之一。基于障碍研究的重要性和制度设计的必要性,笔者将这两个问题列为本研究的重点和关键。一方面,通过访谈、问卷了解现实中教学学术所遇到的与可能遇到的障碍因素,并对之作出深入的、历史的分析,为教学学术的发展研究提供理论与现实依据;另一方面,笔者则试图为教学学术设计独立的制度体系,为其贯彻落实予以保障。

  最后要说明的是,教学学术实际包含教的学术和学的学术两个方面,受笔者的兴趣、精力和篇幅所限,本研究主要侧重于教的学术。

[①] 顾建民著:《自由与责任 西方大学终身教职制度研究》,浙江教育出版社2007年版,第19页。

4. 研究方法与研究思路

（1）研究方法

依据本研究的问题和现实条件，本书主要采取以下几种研究方法。

1）文献研究法

文献研究法是众多研究方法中最为基本，也最常用到的一种，是每一种研究的必须，这种研究方法贯穿于本研究的始终。首先，通过阅读相关文献，对研究的问题作出学术史的定位，并由此确定本研究的意义和价值；其次，已有的文献为本研究提供了基础、依据和必要的佐证。

2）政策文本分析法

根据研究需要，笔者通过查阅相关的政策文本，如《中华人民共和国学位条例》以及部分大学的教师评价、聘任标准，获取所需信息，以发现大学实践中普遍存在的问题及相应政策、制度支持，以补本文材料所需。

3）访谈法

根据研究需要，笔者对本校部分教师作了访谈调查，并作为本研究开题报告部分的预调查存在。通过调查主要了解当前大学教学学术的现状，以及教学学术的障碍分布情况，为开题报告的撰写提供事实依据，同时也为本研究问卷的设计提供事实指南。

4）问卷调查法

为了使本研究能够立足于现实，笔者通过问卷调查获得第一手资料，了解现状及教学学术的实施障碍，为后文的制度设计提供现实依据和参照。

① 问卷调查的宗旨。

本调查属于描述性调查，调查的目的旨在尽可能全面、客观地了解我国大学教师教学水平的现状。

② 问卷的设计。

第一，问卷设计的理论依据。

由于教师的教学自主权主要源于外部赋予，而本问卷主要侧重对教师教学行为的考量，因此，问卷主体问题的设计主要基于教学学术的前三个维度进行构架，即知识维度、研究维度、交流维度。

第二，问卷变量的设计。

将教学学术的每个维度拆分出若干相互平行的子问题作为问卷的变量。问卷共包含 51 个变量，答案设计既包含定类变量，也包含定序变量。

表1-2 问卷变量分布表

知识维度	学科知识	6
	教育知识	12、13、14、15、16
研究维度	反思	24、25、26、27
	研究	37
	知识生成	33、34、35
交流维度	互相听课	43、45、
	互相评课	44、46、
	参加教学讨论会	48
	公开发表教学研究成果	38
	公开展示教学总结报告	49

上述题号外的其它问题主要集中于对大学教师的教学观念、行为的深层次原因等方面进行考察。

③ 调查样本的确定。

对于拟调查的样本，本研究拟采取如下步骤加以确定。

第一，总体范围的确定。

因"教学学术"主要针对本科阶段的教育教学问题,因此,本研究将调查对象总体定位于我国大学的普通本科层次。由于本次调查的目的是为了了解教学学术在我国的普遍状态,因此,所取高校的区域分布较为广泛,东中西部地区都在范围之内。

第二,样本数量的确定。

考虑到笔者的精力和能力所限,将调查样本的数量确定为19所本科院校,共计约400名教师。

第三,样本学校的确定。

不同类别的高校之间具有较大的异质性,而同一类别高校之间却具有很大的相似性。因此,此次调查的抽样标准拟确定为分层抽样。考虑到"教学学术"主要关涉教学与科研的关系处理,因此,对于高校样本的抽样标准选取广东管理科学研究院的大学分类标准中的型,即研究型、研究教学型、教学研究型和教学型。并将此作为对高校总体进行分层取样的标准。依据各类大学在总体中所占的比重确定各类型大学样本的数量。在各样本学校中随机抽取教师进行调查。

表1-3 我国普通本科高等学校的数量分布表

学校类型	总体数量	类型百分比(%)	样本数量
研究型大学	37	6.3	1
研究教学型大学	80	13.5	3
教学研究型大学	133	22.5	4
教学型大学	341	57.7	11
总计	591	100	19

(数据来源:武书连等主编:《挑大学 选专业:本科》,2003年1月)

由于研究型大学在高校总体中所占比例偏小,教学型大学所占比重偏大。为使各类型大学的教学实践特征均得到充分地反映,笔者将样本数适当均衡，试图使各类型高校的数量平均分布。最终确定各类高校的样本及数量如下：

表1-4 调查样本高校分布表

学校类型	学校名称	数量
研究型大学	山东大学、中南大学、东北大学、复旦大学	4
研究教学型大学	石油大学、广西大学、北京工业大学、华中农业大学	4
教学研究型大学	西南财经大学、江西财经大学、西北师范大学	3
教学型大学	鲁东大学、江汉大学、湖北经济学院、长沙理工大学、湖北民族学院、孝感学院、上海对外贸易学院、许昌学院	8

(2) 研究思路

整个研究开始于引言部分问题的提出，通过对实践中问题的明晰和学术史的梳理分析，引出本研究的问题：教学学术如何在我国大学实践中得以有效落实？为了解决这一问题，笔者构架了研究的基本思路。

第一，教学学术是一个外来词汇，因此有必要对其产生的时代背景及其在国外的实践发展和实际效果、将教学学术引入国内的必要性和可行性作出介绍。

第二，教学学术思想与传统的学术观、教学观相差较大，这种差距在我国更为突出。因此，有必要对教学学术的合理性加以论证，这是一个前提性的工作，为后续研究打好基础。

第三，明确了为什么教学是学术，进而要问的便是什么是教学学术，进一步澄清教学学术的内涵以及特征。此外，教学学术有何意义以及实现的条件是什么，都是这一部分需要解决的问题。

第四，基于上述理论铺垫，本部分意在以理论观照现实。通过访谈和问卷对现状作出调查，以教学学术的理论对现实作出裁量，判断教学学术的现状。对现状作出分析，找到教学学术贯彻落实的障碍因素，深入分析这些障碍因素是怎么产生的以及又是如何阻碍教学学术贯彻落实的。这一部分是本研究的重点和难点所在。

第五，一方面针对我国大学教学学术的现状及障碍进行分析；另一方面结合国外在教学学术方面的实践经验探讨制度设计的原则，并构建出一套适应于教学学术理念的制度保障体系，探索教学学术在我国落地生根、有效实现的制度条件。

"教学学术"思想探源

"教学学术"源自美国卡内基教学促进基金会前主席欧内斯特·博耶的发展报告:《学术反思:教授工作的重点》(1990)。它的产生既有必然性,也有偶然性。其必然性一方面源于美国高等教育的实践发展,"教学学术"是高等教育现实问题促成的结果;另一方面来源于高等教育理论尤其是大学教学理论自身发展的需求。而"教学学术"最终由博耶于20世纪90年代提出,并以"教学学术"这一术语指称,则体现了"教学学术"产生的偶然性。

1. "教学学术"产生的实践背景

"教学学术"产生于特殊的时代,这一时代既是美国高等教育的大发展时期,同时也是其高等教育质量问题丛生的时代。由最初对英国殖民地学院的模仿到上个世纪,美国高等教育的发展日趋繁荣:大学职能日渐丰富、高等教育系统呈多样化格局、高等教育规模迅速扩张、大学成为社会发展的中心和国家发展的栋梁,等等。然而,与空前繁荣相伴随的却是高等教育内在的空虚病态、问题杂陈。正是这种极度繁荣而又问题丛生的特殊时代为教学学术的产生提供了特殊的实践背景。

(1) 大学职能日渐丰富——大学教师面临角色冲突

美国大学最初的存在形态是殖民地学院,职能仅为教学。其主要目标是为社会造就合适的人力,强调教学而非研究,强调学生而非学者,强调秩序而非学问。教师的主要职责是教学而非研究。① 后来,随着1876年约翰·霍普金斯大学的创建、1862年《莫雷尔土地赠予法》的颁布以及"威斯康星思想"(Wisconsin Idea)的出现,美国大学的职能日渐丰富,教学、科研和社会服务在美国的高等教育界实现三足鼎立。与大学职能的丰富相对应,大学教师的职责也变得多样,由最初单纯的教学发展为教学、科研和社会服务等多种职责并存。同一主体面临多重角色,产生冲突是必然的。在美国的大学中,职责之间尤其教学和科研之间对教师时间的争夺是有目共睹的,而教师又只能对此无能为力。

(2)高等教育规模迅速扩张——大学教学面临转型阵痛

与职能的日渐完备相对应,美国的高等教育机构也逐渐实现了多样化发展。更重要的是,由此连带并刺激了高等教育规模的急剧扩张。20世纪50年代后,美国高等教育进入了大发展时期。在校生人数由战前1939-1940学年的150万增长到1980年的1200万,40年内增长了7倍。② 按美国教育社会学家马丁·特罗的说法,美国的高等教育已由"尖子"阶段经历"大众"阶段,达到"普及"阶段。量变必然引起质变。高等教育规模急剧扩张的结果必然是高等教育结构、理念的转变,对高等教育的原有观念带来巨大冲击。而这种冲击在大学教学中能首先感触到。规模扩张后,高校中学生的成分日益多样,学生之间在种族、性别、知识、经历、文化背景等方面的差异变大。1960年,美国黑人、亚裔人和印第安人占在校本科生总数的6.6%,到1978年增长到13%。③ 这又进一步引发教育质量观、课程、教育手段、教育评价等一系列变革需求的连锁反应。为教师的教学带来了挑战。规模的扩张直接将大学教学推到变革的风口浪

---

① 贺国庆:《德国大学和美国大学发达史》,人民教育出版社1998年版,第82-89页。
② American Council on Education. 1989-1990 Fact Book on Higher Education. New York, N.Y.: MacMillan. 1989.
③ Kerr, Clark. *The Great Transformation in Higher Education*. SUNY Press. 1991. 124.

尖，大学教学因此面临转型的阵痛。

另外，面对大学教学实践的诸种变革和挑战，就要高等教育专职研究人员，尤其是大学一线教师对大学教学现状作出研究，需要教师投入更多的精力进行教学途径的探索，营造适应于新的教学环境的教学模式，以寻求适应变革的道路。大学教学的复杂化对教师提出了教学研究的要求。

（3）大学成为社会的中心、国家的栋梁——"重科研轻教学"现象普遍存在

规模急剧扩张的另一结果便是高等教育利益相关者的增加和社会关注度的提升，高等教育逐渐成为美国社会发展的中心。更由于美国大学在第二次世界大战中的表现，大学尤其是它的科研职能开始被重视，大学开始成为美国发展的栋梁。美国政府开始意识到基础研究对于国家实力和竞争力的重要性，决心大力发展基础科学研究，并将希望寄托于大学，尤其是研究性大学。美国总统罗斯福提出并强调了有效地组织和运用科学为美国防务服务的重要性。受政府政策取向的影响，大学的科研职能变得日益重要，并以之为中心形成了影响周围环境的强辐射波，影响到美国的整个高等教育系统，影响了美国各类高校的校园文化以及教师的行为。"科研活动，尤其是战争期间在大学兴起而在战后扩展的自然科学研究活动，比其他任何力量都更有效地改变了美国高等教育的特点。"[1]

1）宏观层次：美国高等教育系统日趋单一化

在重视科研的背景之下，与研究沾边的大学尤其是研究型大学受到高度重视并相对其他类型高校得到更多资助和政策偏向，并因此成为高等教育系统的成功典范。其他高校为提升自身的地位和获得更多的经费资助，争相以研究型作为自己的办学取向，高等教育系统的各类大学的发展更多的变成了模仿而非特立独行，更多的是共性的追求而非个性的

---

[1] 马骥雄主编：《战后美国教育研究》，江西教育出版社1991年版，第164页。

打造。高校的发展逐渐迷失自我,美国的高等教育系统开始出现同一化迹象。大约从20世纪70年代开始,研究型大学之外的各类高等教育机构也开始逐渐出现类似于研究型大学的怪现象,"只对某些院校合适的研究使命对整个高等教育事业投下了一个阴影,即用一个'伯克利(Berkeley)'或一个'阿姆赫斯特(Amherst)模式化为标尺去衡量所有大学和学院"。① 严重影响了美国高等教育的多样化发展以及整个高等教育系统活力的保持。

2)微观层次:高等学校文化的科研取向

受高等教育系统氛围的影响,受高校办学研究性取向的影响,各类高校更倾向于制定偏向科研、偏向于擅长科研的教师的政策(评聘制度、资源分配制度等)。如高校更倾向于聘用擅长科研的教师,出版和发表、"发表或消亡"(publish/perish)几乎成为对任何教师聘任晋升的唯一标准。

尽管几乎每一所大学在介绍自身情况的时候都把教学、科研和社会服务列为教授工作的重点,但在教授任职期间,在教师晋升的时候,教学和社会服务工作基本不被提及,而且,那些把时间和精力用在所谓应用性工作上的教师还经常面临着不被聘用的危险。② "科研似乎成为了决定性的力量,出色的科研工作可以在晋升和聘任时弥补教学和社会服务方面的不足;但缺乏科研成果是任何优秀教学和社会服务工作所无法替代的。"③ 与这种评价机制相适应,科学研究几乎成为教师的全部工作,使得原本就难以平衡的教学与科研之间的关系变得更加紧张。即使部分教师意识到教学等工作很重要,却不得不把尽可能多的时间用于对自己更有"利"的科研。正因为此,教学等科研以外的各种活动,从

---

① 国家教育发展研究中心:《发达国家教育改革的动向和趋势(第五集)——日本、英国、联邦德国、美国、俄罗斯教育改革文件和报告选编》人民教育出版社1994年版,第20页。
② [美]欧内斯特·L.博耶:《学术的使命》,《中国大学教学》2004年第4期。
③ 邢克超:《共性与个性——国际高等教育改革比较研究》,人民教育出版社2004年版,第281页。

事教学等科研以外活动的教师均很难获得尊重。特内和本西门（Tierney and Bensimon，1996）组织的一项调查发现，好的教学并不被重视，为社会服务也被视为浪费时间。[①] 重科研轻教学的现象几乎遍及全国的各类高校，而且日渐严重。卡内基基金会于1969年到1989年对综合性大学（comprehensive university）进行的一项调查显示：对"如果不发表则很难获得聘任"持赞同意见的人数由6%增长到了43%。[②] "教授不教，学生不学"现象普遍存在，尤其是在研究型大学。教授的学术工作领域逐渐窄化为科学研究，大学教师更像一名学者，距离教者越来越远。

（4）科研导向的学校文化招致各种不良后果

1）大学教学质量普遍下滑

在科研导向的文化氛围中，大学教师几乎无暇顾及教学。为了维持教学职能的正常运转，大学便雇佣研究生助教等临时性教师从事教学活动，使大学教学质量无法得到保证。

2）大学教师的工作满意度逐渐降低

大学教学、科研等职能对教师时间、精力的相互争夺使大学教师的生活充满了矛盾，大学教师就像一个表演"平衡木"杂技的小丑，在"教学负担"与"科研项目"之间苦苦挣扎；教师为了获得聘任、晋升和声誉在出版和发表学术论著方面的压力越来愈大；教师的教学不被重视，部分大学教师因将大部分时间和精力投身于教学，缺少科学研究的时间和精力，较少有科研论文和专著发表，并因此而受到惩罚，其教学的信心和积极性因此受到打击。大学教师的工作满意度逐渐降低。

---

① Tierney, W., & Bensimon, E. *Promotion and tenure: Community and socialization in academe*. Albany, NY: SUNY Press. 1996. 128.

② Boyer, E. L. *Scholarship Reconsidered: Priorities of the Professoriate*. Carnegie Foundation for the Advancement of Teaching, Princeton, NJ. 1990. 12.

3）科学研究的质量得不到保证

由于长期对基础科学研究的过分重视，美国大学取得了丰硕的研究成果，美国也因此成为继德国之后的又一个世界科学中心。但这也同时带来了对科学研究的种种不利影响。首先，对基础研究的过分强调，势必造成对其他诸如应用研究等研究类型的忽视，致使科学自身的发展出现失衡。其次，对基础研究的过分强调，容易造成学术的过分专业化，学术不仅开始与社会对大学的期望和要求差距越来越大，而且也与大学教师的实际工作定位差距日益扩大。最后，对基础研究的过分强调，大学逼迫教师快出多出研究成果。教师从事研究的动机因此开始由内部转向外部，由最初的对内在精神、兴趣的追求转变为对外在对物质刺激以及工作安全感的索取。盲目追求数量，容易造成学术泡沫现象产生。人为的操纵打乱了科学研究自在的生态循环。

4）大学凝聚力下降

大学的专业与专业、学科与学科之间泾渭分明，没有可以沟通的共同语言。"重科研轻教学"现象的存在，使大学管理者、教授只关注科研，专注于专业。这无疑加剧了各专业之间的分裂状态，致使不同学科教师之间"壁垒森严、相互敌视、厌恶、缺乏理解"的局面愈演愈烈。同一学校，甚至同一系中不同专业方向同事之间的交流和了解，似乎比远隔万里的另一所大学中的同一专业的同行更为稀少和陌生，整个学校的凝聚力开始下降。

5）失信于公众、遭媒体批判，大学面临生存危机

高等教育的上述负面现象也都被公众看在眼中，公众开始对大学产生不满。20世纪60年代末70年代初，美国国内关于高等教育的争论非常激烈。各界媒体纷纷对高等教育中的负面事件频繁报道。这些负面事件与公众对高等教育的期待与需求相差甚远，公众和政府对高等教育的信心开始一落千丈。"美国高等院校已往的辉煌烟消云散，剩下的只是对教授职位的'厮杀'，对本科教育的无视……这种迹象表明，他们

正在扼杀美国高等教育的精神。"① 几乎同时，上世纪20年代末，美国开始出现经济危机，教育经费出现紧缺。这时，高等教育机构却要求政府和社会提供更多的资助与拨款，用来增加研究基础设施应对学生人数的急剧增加，以维持庞大的学术有机体的正常运转，甚至通过增收学生学费的办法来填补这个缺口。然而，公众对于高额学费的抵制与政府对高等教育财政的削减在加剧高等教育财政压力的同时，不仅激化了教学与科研之间的矛盾，也更加速了本科教学质量的下滑趋势。这更加加剧了公众及政府对于高等教育的普遍不满与不信任。高等教育与社会公众之间的关系出现了恶性循环，高等学校面临生存危机。

为了维持高等教育系统的生命力，提高本科教育质量，恢复自身的公信力，美国高等教育理论界的专家们纷纷开始对实践中的系列问题展开研究，试图找到问题的原因，并对高等教育的各个层次和方面提出了诸多对策性建议。然而，这些对策建议并没有对美国高等教育实践中的问题起到很好的效果。

美国卡内基教学促进基金会前主席欧内斯特·博耶对之前的实践问题和理论对策作出了总体性反思。他认为之所以会产生上述这些问题，原因就在当下狭隘的学术观，认为"我们现在对学术水平的看法已有很大的局限性，把它局限在某种功能的等级上"②，学术仅仅局限于科学研究。要解决上述问题，缓解高校中的"教"、"研"矛盾、提升本科教学质量，使美国整个高等教育系统保持活力，实现多样化发展，要增强高校内部的凝聚力，就得对学术的内涵有一个全新的界定。基于此，他专门撰写了《学术反思：教授工作的重点》这一发展报告。文中，他试图通过构建一种新的学术范式，以消解教学同科研之间的矛盾，从一个新的视角，重新阐释大学教学问题。认为"学术意味着从事基础研究，但一个学者的工作还意味着走出单纯的问题研究，寻求问

---

① 王玉衡：《试论大学教学学术运动》，《外国教育研究》2005年第12期。
② 国家教育发展研究中心：《发达国家教育改革的动向和趋势（第五集）——日本、英国、联邦德国、美国、俄罗斯教育改革文件和报告选编》，人民教育出版社1994年版，第23页。

题间的相互联系,在理论与实践之间建立桥梁,并把自己的知识有效地传授给学生"①。具体说来,教授的工作应该包括四个不同而又相互重叠的功能,即发现的学术、整合的学术、应用的学术和教学的学术。教学同科研一样应该被重视,也应该被视为学术工作整体的一部分。大学教学应当成为教授工作的重点领域。从此,"教学学术"进入了美国高等教育领域。

2. "教学学术"产生的理论背景

美国高等教育实践界的诸种问题促成了"教学学术"的产生,这是教学学术产生的现实必然。然而,从"教学学术"思想自身进行理论溯源,却发现它的产生又有其理论必然性。教学学术思想在博耶之前早已存在,"教学学术"有其一定的理论基础。它是学界思维过程的结晶,是在基础教育教学理论的影响之下,在漫长的大学教学实践过程中生长并结出的果实。

(1) 大学教学实践的历史长河中产生的思想理念为教学学术提供了理论素材

早在1928年,赫钦斯(Hutchins)在芝加哥大学第五任校长的就职演讲中就已阐述过与之相类似的思想:

> 一个确定的事实是,大部分博士研究生毕业之后不仅仅会从事专职的研究工作,而且也会担任教师。一个致力于从事教师的博士研究生不仅应该熟知学科专业知识,而且也应该对它与人类整体知

---

① Boyer E. Scholarship Reconsidered: Priorities of the Professoriate. Lawrenceville, NJ: Princeton University Press. 1990. 16.

"教学学术"思想探源

识之间的关系有所了解。这也同时意味着,他必须对本学科教育领域中新近的思想动向以及较为成功的改革运动有所了解。这些确实是当下的研究生教育中很少涉及或者几乎不涉及的。那么,他如何对这些信息进行了解呢?我认为不是让他们去大学实习,而是应该通过对他所在院系的大学教师的本科教学工作、本科教学改革实践进行观察,在观察中学习……(Robert Maynard Hutchins)[①]

可以说,早在20世纪初,赫钦斯就看到了博士研究生教育对教师职业准备不足的问题,并强调大学教师应该积极对本科教学进行实验性改革。这些都是今天的"教学学术"所强调的内容。

之后,学术界出现过许多与教学学术类似的思想甚至名词。威尔森等人(Goldsmid and Wilson,1980)对研究和教学之间进行了对比讨论,认为"合作性质疑是两种活动的共同要点"[②]。布莱克顿等人(Braxton & Toombs,1982)认为教学活动及其成果如课程内容是学术的一种形式。派力诺等人(Pellino, Blackburn, and Boberg,1984)提出了"教育学术"(scholarship of pedagogy)用来指称教学过程的学术特性。帕特·克罗斯(Pat Cross,1986)认为如果高等教育要想致力于提升学生的学习成效,教师就应该对其自己的课堂教学作出研究。[③] 1993年,《课堂评价技巧:大学教师手册》[④] 一书的出版更是将学界的注意力引至大学教学、大学生的学习。此书向大学教师介绍了50种课堂评价技术(Classroom Assessment Techniques,CATs),强调教师对自身课堂教学的反思和评价,旨在为教师进一步澄清并达成教学目标提供理论支持。

另外,以学科为单位,许多学科对其专业内的教学也早已有所关注

---

① http://www.issotl.org/tutorial/sotltutorial/u1b/u1b2.htm.
② Goldsmid, C. A., &Wilson, E. K. *Passing on sociology: The teaching of a discipline*. Belmont, CA: Wadsworth. 1980. 32.
③ Kathleen Mckinney. *Enhancing Learning Through the Scholarship of Teaching and Learning*. Jossey-Bass. 2007. 2.
④ K. Patricia Cross & Thomas A. Angelo. *Classroom Assessment Techniques: A Handbook for College Teachers (Jossey Bass Higher and Adult Education Series)* [M]. Jossey-Bass. 1993. 3.

和研究。如社会学中,《教学社会学》这一杂志早已产生 30 余年, 美国社会学协会 (the American Sociological Association) 也早在 20 世纪 70 年代便组织过大型的教学改革运动。其他学科也存在类似的现象。如化学专业, 在更早的 20 世纪 20 年代就有了《化学教育》这一期刊。

(2) 基础教育领域中丰富的教育教学理论为教学学术提供了理论参考

相对于高等教育, 基础教育领域早已形成了丰富的教育教学理论, 它们对教学学术的产生产生了重要的启发性影响。其中, 比较有代表性的理论有反思性思维、反思性教学、反思型教师以及行动研究。

1) 杜威 (John Dewey) 的反思性思维及其在教学中的应用

杜威在《我们怎样思维》中对反思性思维 (reflective thinking) 作出了强调, 即后来的"思维五步法"。"思维五步法"强调从问题的提出到问题的解决一般要经历五个步骤: (1) 暗示; (2) 问题; (3) 假设; (4) 推理; (5) 用行动检验假设。① 杜威认为教学法和思维具有共同的要素, 并进一步将他的"思维五步法"运用于教学, 提出了"以解决问题为中心"的教学过程: (1) 学生要有一个真实的经验的情境; (2) 在这个情境内部产生一个真实的问题, 作为思维的刺激物; (3) 他要占有知识资料, 从事必要的观察, 来对付这个问题; (4) 想出解决问题的方法; (5) 通过应用来检验他的想法。强调教师对教学实践的反思, 强调教学是一种反思性实践。② 但杜威的反思思维是主要针对儿童学习的。

2) 唐纳德·舍恩 (Donald Schon) 的反思性教学

美国麻省理工学院教授唐纳德·舍恩在杜威思维理论的基础上又作出了推进, 并进一步运用到教师教育中, 提出了"反思性教学"(Re-

---

① [美] 约翰·杜威著:《我们怎样思维·经验与教育》, 姜文闵译, 人民教育出版社 1991 年版, 第 179 页。
② 刘新科:《杜威"思维五步法"新探》,《陕西师范大学学报 (哲学社会科学版)》1991 年第 1 期。

flective teaching)。他认为教师所面临的教学情景总是复杂的、独特的和充斥着价值冲突的，而这种不确定的、独特的、开放的教学情景是任何理论都难以解释和说明的，也是难以指望用现存的理论和技术去解决的。这就需要教师依靠他们自己的行动去解决他们所面临的这些情景性问题，从事反思性教学，而这也决定了教师必然应成为一名"反思的实践者"。

3) 行动研究理论

"行动研究是一种自我反思性的研究，在这种反思性研究中，社会情境的参与者的目的是为了提高自己实践的合理性和正确性、提高对实践以及实践中情景的理解力。"[①] 由美国社会心理学家库尔特·勒温（K. Lewin）和社会工作者科利尔（J. Collier）首次提出，期望通过行动研究改变社会科学研究中理论与实践相互脱离的状况。为行动的研究、在行动中的研究、对行动的研究是行动研究的基本特征。一般而言，行动研究包含四个基本步骤：（1）计划：设计一个研究方案以改进现状；（2）实施：把这个方案付诸实践；（3）观察：观察并记录实施这一方案的效果；（4）反思：在实施过程中进行反思，分析、评估结果，在此基础上做下一步的研究方案。[②] 伴随"行动研究"思想影响的逐步扩大以及"反思性教学"思潮的兴起，20世纪50年代，教育界开始认识到行动研究的重要性，并由哥伦比亚大学师范学院的院长考瑞（S. M. Corry）教授将其正式引入教育领域。行动研究开始被视为教师从事"反思性教学"实践的有效途径，行动研究对教育研究以及教学实践均产生了很大的影响，但这种影响仍主要局限于基础教育。

---

① James Mckernan. Curriculum Action Research [M]. London: Kogan. 1996. 4. 转引自：陈柏华，高凌飚. 教师专业发展之行动研究 [J]. 课程·教材·教法，2007（10）：77-82.

② 沈远征，韦铁源：《行动研究与外语教师专业发展》，《教学与管理》2009年第30期。

3. 国外的教学学术实践及其效果

(1) 教学学术的实践推动

博耶的报告出版后影响很大,很快便成为畅销书。科学信息研究所的引文数据库(the Institute for Scientific Information's citation database)统计发现,《学术反思》是过去十年被引频数最高的一本著作。[①] 也正由于博耶尚未对教学学术予以明确界定,因此触发了学术界对于它的一系列争论。争论的问题涉及教学学术的内涵、合理性、判断标准、教学学术型教师的特征、教学学术的实践落实等各个方面,进一步带动了国际学术界对大学教和学习的关注和研究。英国兰卡斯特大学教育学教授马尔科姆·泰特于2003年对北美之外的英语国家于2000年发行的17种教学学术期刊上的406篇论文以及284本高等教育研究著作进行统计分析,归纳出当下高等教育研究的八大主题。其中,"教与学的研究"、"课程设计研究"、"大学生经验研究"和"质量研究"位居前四,而"知识研究"也直接、间接与高校教学相关。[②]

近些年来,关于教学学术的理论研究业已产出了一定的研究成果。有学术论文,也有学术论著。其中,具有代表性的著作当属格拉塞克等人的《学术评价》。书中将学术的一般标准应用到教学学术,确立了教学学术的六条评价标准:明确的目标、充分的准备、适当的方法、有意

---

① Braxton, J., Luckey, W., and Holland, P. *Institutionalizing a Broader View of Scholarship Through Boyer's Four Domains*. Jossey-Bass. New Jersey. 2002.

② 马尔科姆·泰特:《高等教育研究进展与方法》,侯定凯译,北京大学出版社2007年版,第63页。

义的成果、合适的表达以及反思性批判①，对教学学术的内涵进一步加以明确。该书的出版极大地推动了教学学术的发展。另外，也产生了许多教学学术领域的领军人物。其中，最具有代表性的当属卡内基教学促进基金会的现任主席李·舒尔曼（Lee Shulman）。舒尔曼在对博耶思想继承的基础上又作了进一步扩展。他认为教学和学习是高等教育中紧密联系的两种活动，教学学术应既是关于教的学术也是关于学的学术②，是对教和学的问题进行系统的研究。他提出了"教与学的学术"（Scholarship of Teaching and Learning，SOTL）并获得了广泛认可。这样，在舒尔曼的倡导下，"教学学术"（Scholarship of Teaching，SOT）就变成了"教与学学术"（Scholarship of Teaching and Learning，SOTL），教学学术运动也就发展成为了教与学学术运动。

1) 专门基金项目对教学学术的支持

在美国大学的发展中，相关基金会的支持起到了非常重要的作用。其中，对大学教学发挥重要作用的是卡内基教学促进基金会（the Carnegie Academy for Teaching and Learning，CASTL）。卡耐基教学促进基金会成立于1905年，于1906年获得《国会法案》的特许状。它是一个独立的政策和研究中心，其成员包括研究人员、教师、政策制定者以及教育类组织中的部分成员。基金会的宗旨在于："去做并履行一切必要的事情，鼓励、支撑教学这一职业并给教学以相应的地位和荣誉。"③基金会在其成立之后，为美国的大学教学工作作出了许多贡献。当然，最具有里程碑意义的还属1990年时任基金会主席的博耶提出的"教学学术"及其对教学学术运动的推动。

基于教学学术思想，1998年，在李·舒尔曼的倡导下，卡内基教

---

① 王晓瑜：《大学教师发展教学学术的若干理论问题探究》，《教师教育研究》2009年第5期。

② Shulman, L. S. *Taking learning seriously*. Change（July/August）. 1999. 11–17.

③ http：//202.121.15.143：81/document/1999-8/gj998-18.htm 2006，(4)：25. 转引自：王玉衡：《卡内基教学促进基金会：美国大学教学学术运动的推动者》，《大学·研究与评价》2008年第5期。

学促进基金会（the Carnegie Foundation for the Advancement of Teaching）和美国高等教育学会（the American Association for Higher Education）联合成立了卡内基教学学术促进基金会（the Carnegie Academy for the Scholarship of Teaching and Learning，CASTL），专门致力于教学学术思想的推广和实践。基金会的目标在于：促进大学教与学学术发展；培养学生有意义的、持久的学习；加强教学的实践和专业性；像对待其他形式的学术工作一样，对教师作为教学者的工作予以承认和奖励。[①] CASTL主要通过一系列项目促进教学学术的发展。代表性的项目有：CASTL学者项目（CASTL Scholars program）、CASTL领导项目（The CASTL Institutional Leadership Program）、CASTL附属项目（The CASTL Affiliates Program）和CASTL校园项目（The CASTL Campus Program）。与此同时，基金会还积极致力于与同类机构的合作实现对教学学术工作的不断拓宽和加深（诸如大学校园、合作性中心以及学术性社团等）。

2）基于学科的教学学术发展

教学学术最初是在学科内产生的，而学科也因此成为了教学学术的主要发展单位。各学科纷纷通过创办专门的期刊、协会等学术共同体致力于本学科范畴内的教学学术推动。期刊形式多样，既有网络版的，也有传统纸质版的。代表性的有《自然资源和生命科学教育》（the Journal of Natural Resources and Life Sciences Education）、《工程教育国际期刊》（the International Journal of Engineering Education）、《化学教育》（the Journal of Chemical Education）、《统计教育》（the Journal of Statistics Education）、《政治科学教育》（the Journal of Political Science Education）。在协会方面，比较有代表性的是美国大学教授协会，该协会对所有学科的各级各类学术专业人员开放。隶属于不同学科的学者都可以

[①] 王玉衡：《卡内基教学促进基金会：美国大学教学学术运动的推动者》，《大学·研究与评价》2008年第5期。

凭借其作为学术人员的身份加入其中，互相交流、对话和讨论。① 本科数学教育研究协会（the New Association for Research in Undergraduate Mathematics Education）是美国数学协会（the Mathematical Association of America）的一部分。基于学科范畴的教学学术发展实现了各类型高校之间在教学学术思想上的沟通和对话，为教师从事教学研究、教学交流提供了必要的手段和途径。后来又逐渐出现了跨学科的普适性期刊，如《教与学中的学术》（Journal of Scholarship in Teaching and Learning, JoSoTL）、《大学卓越教学》（the Journal on Excellence in College Teaching）、《教与学学术》（Journal of the Scholarship of Teaching and Learning）等。跨学科期刊的出现又进一步扩展了教学学术的发展平台。

3）美国高等教育界对教学学术的推动

在基金会的倡导影响下，为了平衡诸种学术形式之间的关系，美国高等教育系统也纷纷依据教学学术思想进行了系列变革。美国各类大学也都陆续开始修正各自的教师聘任和晋升标准。就在报告出版的4年后，美国大学中62%的学术管理者认为报告在其学校教师奖励等有关制度讨论中开始发挥重要作用。② 1994年，卡内基教学促进基金会对全国各类型大学的主要学术管理者做了一次全国性调查。结果显示：82%的管理者表示他们已经开始或正在着手对大学教师的角色进行重新审视和思考；59%的大学管理者表示教学工作在其学校内大学教师评价体系中所占的比重比五年前要高许多。其中，研究型大学的反应更为积极。77%的研究型大学管理者反映他们已经开始着手设计新的大学教师评价制度，81%的研究型大学管理者反映教学在其学校内的大学教师评价体

---

① Philip G. Altbach. International Higher Education: an encyclopedia (1), New York & London: Garland Publishing, Inc., 1991, 43 – 44. 转引自：陈伟著：《西方大学教师专业化》，北京大学出版社2008年版，第277页。

② Glassick, C. E., Huber, M. T., and Maeroff, G. I. *Scholarship Assessed : Evaluation of the Professorate*. Jossey – Bass, San Francisco. 1997.

系中所占的比重比五年前要高许多。① 格拉塞克等人②在1994年对高校的主要学术管理者作了调查。结果显示：39%的管理者反映学校已经对教师的聘任晋升标准作了改变，29%的管理者指出学校允许教师对其工作重点根据自身情况进行调整。梅瑞尔（O'Meara）于2005年展开的调查显示：729个参与调查的大学管理者中约有68.3%的比例对大学在奖励系统方面的改变作了肯定。③

除了对教学学术所做的诸多适应性制度变革之外，还有许多大学针对教学学术采取了诸多积极性的制度建构措施。如克莱蒙大学（Claremont Graduate University）制定未来教师计划（Preparing Future Faculty，PFF）。这是一项教学学术后备人才的生成制度，其成员是志在从事大学教师职业的研究生。制度计划为所有成员提供到大学参加教学实习的机会和指导，为其从事大学教师工作提供职前教育准备。重点养成学生的教学学术知识和能力，为教学学术培养未来人才。④ 迈阿密大学（Miami University）成立了专门的教师学习社团（Faculty learning communities，FLCs）。社团围绕特定主题进行组织，旨在解决一系列的具体实践问题，并为研究生、广大教师及管理人员提供咨询服务。

4）美国教学学术运动的国际辐射

与《学术反思：教授工作的重点》的畅销相伴随，美国在教学学术方面的诸多努力很快成为国际关注的焦点。许多国家纷纷模仿美国并致力于教学学术的发展。如英国、挪威以及澳大利亚等一些国家的大学

---

① Maxine P. Atkinson, North Carolina State University. The Scholarship of Teaching and Learning: Reconceptualizing Scholarship and Transforming the Academy. The University of North Carolina Press. Social Forces. 79 (4). June. 2001. 1217–1230.

② Glassick, C. E., M. T. Huber, and G. I. Maeroff, Scholarship Assessed: Evaluation of the Professoriate. Jossey-Bass. San Francisco. 1997.

③ O'Meara, K. A. *Encouraging multiple forms of scholarship in faculty reward systems: Does it make a difference?* Research in Higher Education 46 (5). 2005. 479–510.

④ Laurie Richlin, Milton D. Cox. Developing Scholarly Teaching and the Scholarship of Teaching and Learning Through Faculty Learning Communities. New Directions for Teaching and Learning. 97. Spring 2004.

开始要求新任教师必须拥有大学教学任职资格证（teaching certificate in higher education），并将其作为教师聘用的强制性要求。任职资格证书项目包含正规课程、现场教学实习两大方面，强调教学档案的建立。学习时间的长短取决于院校的实际情况，不过一般在半年到一年之间。另外，英国不仅投入了大约 3 亿（大约 5 亿三千美元）建成 74 个新的教学中心，而且专门成立了教师教育发展学会（the Staff and Educational Development Association，SEDA）和高等教育教学和学习学会（the Institute for Learning and Teaching in Higher Education，ILT），旨在为大学教师的培训项目进行研究设计。在澳大利亚，联邦政府成立了新的高等学校教学机构，专门成立了大学教师发展委员会（the Committee for University Teaching and Staff Development，CUTSD）。此外，还为教学学术的发展设置了专款基金项目，增设了一定数量的国家教学奖项，用以奖励获得教学成果的学校和机构。

随着教学学术在世界各国认可度的提升，一系列基于教学学术的正式与非正式国际性教学学术共同体也陆续出现，逐渐形成了教学学术的国际共同体。其中，最具有代表性的是教学学术国际社团（the International Society for the Scholarship of Teaching and Learning，ISSOTL）。该社团是由 67 名来自不同国家的学者组成的委员会，于 2004 年组建而成。社团组织的目的是：（1）认识和鼓励不同学科的教学学术工作；（2）促进跨学科的交流与合作，促成新的质疑方向的产生；（3）方便不同国家的学者进行教学学术合作，并有助于国家间新的研究成果的流动和应用；（4）呼吁并支持对教学学术的支持、评价、认识以及应用。该社团还创办了名为国际共同体（The International Commons）的简报，为国际间学者就教学学术进行探讨交流创造平台。[①] 国际共同体还组织了各种教学学术活动，如百合会议（the Lilly Conferences）、教学专家会议（the Teaching Professor Conference）、教学学术国际社团会议（the ISSOTL conference）、关于教与学学术的国际会议（International Confer-

---

① http://www.issotl.org/history.htm.

ence on the Scholarship of Teaching & Learning)、教学学术研讨会（the SoTL Colloquium）等国际范围的教学学术会议，大大促进了教学学术这一新领域的发展。①

（2）教学学术的实践成效

经由各方努力，教学学术在美国的各类大学中均已确立其基本地位，成为大学教师的重要活动形式之一。教学学术运动已取得初步成效。

1997年，卡内基基金会就不同类型学术工作在各高校中的被重视程度组织了全国范围的调查。调查发现：在过去的五年里，研究型大学中接近一半的教师反映他们比五年前对教学的投入精力更大了。②梅瑞尔（O'Meara）③通过对四个不同类型的大学进行案例调查发现：经过内部的聘任晋升制度调整后，教师对于各种学术尤其是非传统学术活动的参与度提高了，教师的工作满意度也较过去有较大程度的提高。在美国的许多大学甚至是研究型大学中，学者们对于学术功能的认识开始逐渐发生转变。有关教学的论著逐渐开始获得同学科专业论著同等的地位。对于教学学术工作的参与也开始在个人简历及工作履历中占有一定分量，而非附属或补充。卡内基教学学术基金会（CASTL）在2004年的调查显示：98%的教师认同或者强烈认同教学学术有助于提高他们从事教学的热情；93%的教师认同或强烈认同自从他们从事了教学学术之后，他们改变了原有的课程设计；80%的教师认为学校其他院系的教师受到他们的影响而开始发生改变；71%的教师认同或者强烈认同教学学术使他们拥有了一个新的事业重心；68%的教师认为自从他们从事了教

---

① 王玉衡：《美国大学教学学术运动》，《清华大学教育研究》2006年第2期。

② Huber, M. *Faculty evaluation and the development of academic careers*. In: Carol Colbeck (eds.), Evaluating Faculty Performance, Jossey-Bass, San Francisco. O'Meara. 2002.

③ O'Meara, K. A. Scholarship unbound: Assessing service as scholarship for Promotion and tenure. In: Altbach, P. (eds.), Studies in Higher Education Dissertation Series, Routledge Falmer, NY. 2001.

学学术之后，学生的学习取得了更好的成效。①

4. 我国大学引入教学学术的必要性与可行性

(1) 引入教学学术的必要性

1) 引入教学学术是我国高等教育事业发展战略重心转移的需要

纵观我国高等教育自改革开放以来近30年的发展历程，我们强调更多的是强调外延的扩展（高等教育大众化）以及外部关系（高等教育与政府、高等教育与市场）的处理。到目前为止，我国高等教育在其外延和外部关系方面，无论理论还是实践都已取得了很大成绩。接下来，对高等教育的内涵及内部关系的考虑必然将会成为我国高等教育事业未来发展的战略重心。其中，高等教育质量问题是核心，高等教育质量必然成为我国高等教育未来发展的战略方向。这一趋势也在我国近期颁布的《国家中长期教育改革和发展规划纲要（2010—2020年）》中有所反映。在高等教育质量的诸种问题中，教学是根本。教学学术作为提升教学质量的重要理论依据是应时的，是我国高等教育发展战略重心由外延到内涵、由外部到内部做出转移的理论需要。

2) 引入教学学术是我国高等教育现实问题解决的需要

20世纪初，我国移植西方模式，建立起了自己的大学制度。自50年代到80年代，我国大学一直以教学为主，兼顾科研。80年代中期后，我国重点建设现代化国家并开始实施改革开放政策。科学技术是第一生产力，"高校是科学研究的一个重要方面军"（邓小平）。这之后，我国大学的价值取向逐渐开始发生转变，科研倍受重视，教学开始被忽

---

① Cox, R., Huber, M. T., & Hutchings, P. *Survey of CASTL scholars. Stanford* . CA: The Carnegie Foundation for the Advancement of Teaching. 2004.

视。除了独立学院、专科类院校、二级学院和职业技术大学以外,几乎所有的大学都特别强调科研的份量。"重科研轻教学"是当下我国高教界的通病,愈演愈烈。在教授的评价标准方面,科研能力成为评价的全部内涵。"教授不教,讲师不讲"现象普遍存在。高教界各主体对大学教学的观念普遍存在误读现象,把学科专业同教学专业等同起来,认为教授们一般都已经具有博士、硕士学位,专业学术水平已经很高,教学当然不成问题。这种观点完全无视教学的专业性。在这种观念的影响下,大学教学当然得不到重视,大学教学质量可想而知。这直接导致了大学教学实践中的一系列问题:教师教育思想观念落后,仍是"满堂灌";教学方法落后,现代化手段在教学中应用不充分,网络教学进展缓慢;教师缺乏教育学、心理学等学科知识,教学技能贫乏;教材更新慢,教学内容陈旧;专业面向窄,难以满足复合型人才培养需要;部分教师师德师风水平不高,只关注个人利益,忽视学生利益等。① 另外,日渐发达的信息技术及高等教育大众化均对传统教学提出了挑战,使大学教师感受到变革的压力。大学教学的挑战与机遇并存。

教学学术作为一种致力于提升大学教学质量的新观念、新思想,对于解决我国高等教育中的诸种质量问题,对于大学教学的转型均具有非常重要的意义,这也就是引入教学学术思想的必要性所在。

(2) 引入教学学术的可行性

将"教学学术"引入国内不仅是必要的,而且也是可行的。"教学学术"思想对于我国的高等教育环境具有适切性。

中美两国的高等教育无论在其所生存的文化环境,还是在其具体的管理方式、制度结构等方面均存在极大的差别。表面看来,二者似乎没有任何交集,但从表面向下追寻便可发现二者的共通之处:知识尤其是自然科学知识、大学、大学教师、学术。两国对于这些概念的基本理解

---

① 吴平:《论"教学型"教授——兼谈大学教学与科研关系》,《中国大学教学》2006年第6期。

和信仰是大致相同的,只是受不同环境的影响生出了不同的结果。就像两颗同卵的树苗,在不同的环境中必然会生出不同的模样。基于此,我们找到了两国的共通之处:大学、大学教师、学术等原点式概念。

正是对原点式概念理解的共通性决定了中美两国高等教育现实问题的相似性。事实也是如此。美国作为当今世界高等教育的典范,它的高等教育办学模式已成为许多国家模仿的对象。我国近年来的高等教育也是基本以美国的高等教育为样板发展的。因此,我国的高等教育发展中也会出现诸如重科研轻教学等问题。这些问题的成因除了在于相关管理制度、办学条件等方面,根本还在于各主体对大学、大学教师、学术等原点式概念的理解。与其他思想不同的是,教学学术更大程度上是对原点式概念的批判、创新。基于中美两国在原点式概念理解上的共通性以及两国实践问题的相似性,笔者认为教学学术与我国的高等教育境遇是适切的,将"教学学术"引入我国高等教育领域是可行的。但说其可行并非主张对国外的教学学术思想全盘照搬,而是强调在借鉴的过程中应注意去除附加在教学学术之上的"美国特色",结合我国的国情、校情来进行。

作为学术的大学教学

"教学学术"源于实践,而且它已对美国大学的教学实践起到了较好的改进作用。这说明"教学学术"具有极强的实践价值,"教学学术"思想具有其实践合理性。但在传统观念中,学术是高贵的、远离实践的。教学学术将具有强实践性的教学与几乎脱离实践的神秘学术放在一起,既有悖于传统的学术观,又区别于传统的大学教学观。这不免让人难以接受而心生质疑:教学是学术吗?为什么说教学是学术?"教学学术"这一术语的合理性何在?这些问题对正处于教学学术引介阶段的我国是至关重要的,是教学学术在我国的高等教育实践界得以有效落实的关键性问题。

1. 什么是学术

为了论证"教学是学术"这一命题,我们首先要明确以下几方面问题:学术是什么?学术的的基本构成体现在哪些方面?学术的判断标准或者说成为学术的条件有哪些?

(1) 学术的构成及其特性

同其他任何词汇一样,"学术"的内涵丰富而复杂,具有强时空特性。不同地域、不同时代以及不同背景和个性的学者对学术内涵的理解均有所不同。由于我国现代大学主要是通过移植西方的大学理念、办学模式建立并发展起来的,学术观也主要源自西方。因此,本文所讨论的学术内涵主要取自西方的学术理解。

在英文词汇中,"学术"通常用"academy"表示。该词源自公元前387年柏拉图在雅典创办的学园。因其地址为纪念希腊英雄阿加德米的花园和运动场,故而学园被名之为阿加德米学园。① 学园因学者们对真理的向往聚集而成。正是学术的这一特殊缘起,赋予了它与高等教育、与大学的与生俱来的亲密性。学术与高等教育、大学之间判若孪生兄弟,紧密相连。在很大程度上可以说,一部高等教育的发展史便是一部学术发展史。二者的这种亲密性在今天的各种"学术"界定中仍然能够看出。

今天,人们对于"academy"的比较有代表性的理解有以下几种:
《牛津高阶英汉双解辞典》(*Oxford Advanced Learner's English - Chinese Dictionary*)(1989年版):(1) of (teaching or learning in) schools, colleges, etc. (学校的,学院的);(2) scholarly, not technical or practical (学者式的,非技术的或非实用的);(3) of theoretical interest only (仅注重理论的,学术的)。

《剑桥国际英语辞典》(*Cambridge International Dictionary of English*)(1995年版):relating to schools, colleges and universities, or connected with studying and thinking, not with practical skills (与学校、学院、大学有关的,或者与学习和思考有联系的,但与实用技能无关)。

《美国传统辞典》(*American Traditional Dictionary*) 的解释更为全面:(1) of, relating to, or characteristic of a school, especially one of higher learning (学校的、与学校有关的或具有学校特征的,尤指是具有较高学识的学校);(2) relating to studies that are liberal or classical rather than technical or vocational (与自由的或古典文化的研究有关的,而非与技术或职业性的研究有关的);(3) scholarly to the point of being unaware of the outside world (除学术方面以外对外界毫无知觉的);(4) based

---

① 滕大春:《外国教育通史》(第一卷),山东教育出版社1989年版,第260-261页。

on formal education（以正规教育为基础）的；（5）theoretical or speculative without a practical purpose or intention（纯粹理论的或推理的，无实际目的或意图的）；（6）having no practical purpose or use（没有实际目的或用途的）。

在《朗文当代英语词典》中，"学术"有四层意思：第一，指一所学院或大学教师和用学术方法观察事物的人；第二，指学院或大学教育；第三，指结合学科教学发展思想而不是练习技巧；第四，认为学术是理论性的，不涉及实际操作。

舒尔曼和赫钦斯（Shulman and Hutchings（1998））曾对学术的标准予以界定，认为学术拥有三方面的标准：公开；经受批判性评价；以能够为学术界其他人所使用和交流的形成呈现。

美国卡内基教学促进基金会前任主席博耶在其发展报告《学术反思》中指出："学术意味着通过研究来发现新的知识，学术还意味着通过课程的发展来综合知识，还有一种应用知识的学术，即发现一定的方法去把知识和当代的问题联系起来，还有一种通过咨询或教学来传授知识的学术。"[1]

除了"academy"，与学术相关的词汇还有 scholarship，译为学者、学问。它是现代意义上的学术指称。

虽然"学术"具有强时空特性，人们对它的理解各不相同，但从总体上看，我们还是会发现其共通之处，即学术的基本构成。各个时期对于学术的理解都包含以下两方面成分：学术的内容（高深知识）、学术的形式（研究、传播、应用）和学术的保障（自主）（图3-1）。

---

[1] ［美］欧内斯特·博耶著：《关于美国教育改革的演讲》，涂艳国，方彤译，教育科学出版社2002年版，第78页。

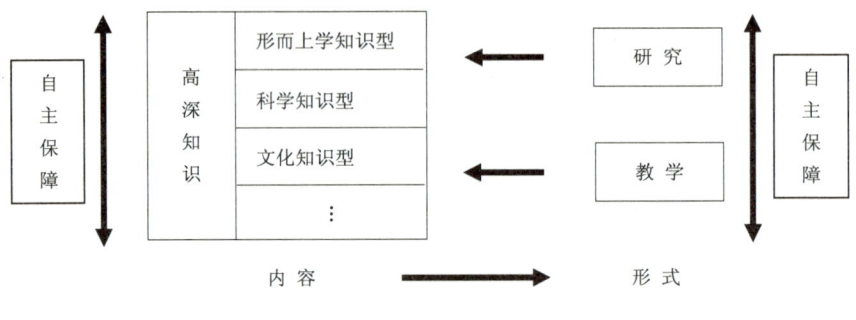

图 3-1 学术的基本构成

1) 学术的内容——复杂性、专门性、动态性

学术主要与高等教育相关,是高等教育领域的学术。因此,此处的学术内容便是指大学内的高深学问。然而,什么是高深学问呢?高深学问具有什么特性呢?

高深知识"或者还处于已知与未知之间的交界处,或者虽然已知,但由于它们过于深奥神秘,常人的才智难以把握"[①]。它具有如下特点:第一,高深知识具有复杂性。"知识可以大致划分为两个层次,其一为一般性知识,其二是高深知识。"高深知识是知识中比较高深和深奥的部分,是建立在一般性知识基础之上的,掌握一般性知识是学习和掌握高深知识的前提。[②] 高深知识作为知识的一种较高层次,具有复杂性。第二,高深知识具有专门性。高深知识一般特指某一领域内的学问,具有较强的方向性。这在知识高度分化、学科昌盛的近代体现得更为明显。正如伯顿·R. 克拉克所强调的,学者们最大的共同之处就表现在他们都一心一意地钻研学问。但是他们的最小共同之处是那种对他们来说都是共同的知识,因为他们所研究的领域都是专门化的、互相独立

---

① [美] 约翰·S·布鲁贝克著:《高等教育哲学》,王承绪等译,浙江教育出版社1998年版,第2页。

② 陈洪捷:《论高深知识与高等教育》,《北京大学教育评论》2006年第4期。

的。① 此外，高深知识的复杂性和专门性决定了对于这种知识的获得必须通过接受某种程度的正规专门教育。因此，一定程度的专门知识是从事学术活动的基础。即任何一种学术活动必然是以一定的知识作为基础支撑的，也只有具备高深知识或者接受过一定程度的专门教育的人才可以从事学术活动。对高深知识的掌握是一个人能否从事学术活动的资格条件。可以说，高深知识的复杂性决定了高深知识的专门性。第三，高深知识具有动态性。高深知识作为知识的下位概念，同一般性知识一样，受制于特定时代的知识型。关于知识型的历史演变，我国学者石中英教授认为：从古至今，人类的知识先后经历了神话知识型、形而上学知识型、科学知识型和文化知识型四个阶段。与此相对应，高深知识也相应经历了四个形态的转变，并会因知识型未来的转变而继续变化。高深知识也因此具有动态性。

2）学术的形式——研究性、创新性、交流性

内容决定形式，形式是对内容的操作和反映。整体而言，学术的形式主要体现为对高深知识的保存、研究、传播和应用四种。在这几种活动中，发现和传播是最基本的两种。因为发现和传播是大学之所以为大学、区别于其他机构的两个根本性特点。一方面，相较于中小学，研究、致力于发现新知识是大学的独特之处；另一方面，相较于研究院（所），教学、传播知识是大学的独特之处。正如克拉克教授所言，高深知识"是学术系统中人们赖以开展工作的基本材料"，而"教学和研究是制作和操作这种材料的基本活动"②。二者之中，研究又更为根本。因为研究不仅以高深知识为对象，更以之为其唯一的、主要的内容，以高深知识为其始，亦为其终。高深知识对于教学来说，更大程度上仅仅是其操作的对象。虽然教学也以其为内容，但高深知识却不是教学知识中唯一的、能反映其本质的内容。另外，教学虽然也会促进高深知识的增长、升值，但这并非其唯一旨趣。教学最终的旨趣在于通过高深知识

---

① 张意忠：《论大学教授的学术水平》，《宁波大学学报》2005年第4期。
② [美]克拉克：《高等教育系统》，王承绪译，杭州大学出版社1994年版，第25页。

培养合格人才。所以，研究是学术各种活动形式中最主要的，也是最能体现学术特性的一种学术形式，是学术形式中的核心和关键。正是基于一定的研究，学术才实现了其知识的生成的功能，使学术获得持续发展的生命力。

研究是公开的系统化的自省探究（劳伦斯·斯滕豪斯，Lawrence Stenhouse）。就其程序而言，研究体现为反思（批判性反思）、研究和研究结果的生成三个环节；就其类别而言，研究有基础研究和应用研究之别。其中，基础研究通常被认为旨在得出反映本质观念的知识。这种知识往往被认为与实践分离。研究者在从事基础研究时，很少会考虑其成果的"应用价值"。与基础研究不同，应用研究是研究者运用原理和理论，以得到实用的结果为目的，注重将其发现直接应用于人们及其生活的星球上的现实。① 无论哪一种研究类型，都强调创新。创新性是研究这一学术形式的核心特性。

除受制于学术的内容，学术的形式还易受到各种外界因素的影响，尤其是受特定时代、特定地域的经济、文化以及国家、大学政策的影响而呈现出等级主次的差别。其中，与外界因素相迎合的学术活动会被制度化为大学职能。因此，大学职能与学术紧密相关，学术活动是知识论形式的大学职能，而大学职能则是制度化了的学术活动。如19世纪前，教学是大学教授的中心工作，也是其神圣的职责，"教授乐教，学生好学"。进入19世纪，教授们的职责也变得多样起来，从原来单纯的教学发展到教学、科研同社会服务三者集于一身。但由于军事、科技发展以及国家政策等原因，许多高校仅仅关注科学研究，教学和社会服务逐渐沦为了科学研究的附属物。科学研究逐渐成为大学教授的中心工作。相应地，研究被提至首要位置。

3）学术的保障——自主性

学术内容的存在以及学术形式的运作既决定了学术自由存在的合理

---

① ［美］. Joanne M. Arhar Mary Louise Holly Wendy C. Kasten 著：《教师行动研究——教师发现之旅》，黄宇，陈晓霞，阎宝华等译，中国轻工业出版社2002年版，第23页。

性,又决定了学术自由存在的必要性。学术自由与学术相伴而生,学术自由被西方高等教育界视为学术发展的重要保障。一部学术的发展史也可以被视为学术界对学术自由的争夺史。学术的创新性特点决定了它似乎只应或只能生存于自由的环境之中。但学术自由不应仅仅是一种消极的免于干涉的自由(Free-from),而更应该是一种积极的主动求知的自由(Free to)。① 这种积极的学术自由主要体现为对一定自主权的拥有,而且这种自主权不应仅局限于群体层次,更应具体化到个体层次。反过来讲,是否拥有一定的学术自主权是在实践中衡量一种活动是否是学术及其学术性彰显程度的重要指标之一。

至此,我们得出了学术的四个基本维度:知识、研究、交流和自主。在各种维度之中,知识是基础,贯穿于学术始终。首先,知识维度是其他维度存在的前提,决定了其他各维度的具体内涵和表现形式。其次,知识也是研究、交流和应用等学术形式的结果。自主权是知识、研究、交流等学术维度得以进行的重要保障。

学术的特性源于学术的构成,学术的四个维度赋予了学术的基本特性:复杂性、专业性、动态性、研究性、创新性、交流性和自主性。其中,动态性是就"学术"这一术语整体而言的,是"学术"范型的转变。伴随知识型的转变,学术的内容会有所变化,并能因此带动学术各形式的范畴和内涵发生相应的变化。可以说,不同的知识型对应于不同的学术观或学术范型。而就一种学术范型而言,它的基本特性则体现在:复杂性、专业性、研究性、创新性、交流性和自主自由性。

(2) 学术的标准

由前文对学术的构成及其特性的分析,笔者认为学术的标准主要体现在两个方面:理论层面的学术标准和实践层面的学术标准。理论层面

---

① O'Hear, A.. "Academic Freedom and the University," in Tight M (ed.) Academic Freedom and Responsibility (Milton Keynes: Open University Press, 1988). 转引自:李荷:《学术自由、知识与社会》,《清华大学教育研究》2010 年第 6 期。

的，学术标准在于学术的基本特性。一种活动只要具备了复杂性、专业性、研究性等学术的基本特性，它就是一种学术。然而，这种活动在实践中能否成为学术，是否以学术的样态运行，则还需要继续予以判断，判断其学术性在实践中的彰显程度。学术性的彰显程度主要通过学术主体在学术的四种维度中行为的频度、程度得以体现。因此，学术主体在实践中知识、研究、交流的频度以及自主权拥有的程度将是我们判断一种活动是否成为学术的实践层面的标准。

然而，这两个层面的标准对于同一活动体往往并不能达成一致。理论上成为学术的活动在实践中往往并非总是以学术的样态存在。换句话说，理论层面的学术标准具有绝对性，而实践层面的学术标准具有相对性。之所以如此，是因为在学术的两层标准中存在一个中间地带——学术观。学术内容的动态性赋予了学术本身以动态特性。在不同的时代、不同的知识型下，不同的学术内容赋予了学术以不同的特色。在特色各异的学术观下，人们对同一学术活动的学术性会有不同程度的认识。或者说，受制于不同的学术观，人们对于同一种学术活动的学术性认识程度并不相同。这种意识或者观念上的相异必然会导致同一种学术活动在实践层面的学术表征样态的差异，这也就是学术标准在实践层面的相对性所在。

那么，依据学术的标准，大学教学是不是学术呢？在本部分，笔者的讨论仅局限于理论层面。而对于"大学教学在实践层面是否成为学术"这一问题则留待后文予以讨论。笔者认为，依据学术在理论层面的判断标准，大学教学是一种学术，学术是大学教学的本然面貌。

2. 学术：大学教学的本然面貌

依据学术在理论层面的标准，大学教学具有学术的基本特性，是一种学术。学术是大学教学的本然面貌。

(1) 大学教学具有复杂性

从事班级经营研究多年的多伊尔（W. Doyle）说过："教学是非常复杂的经营。"作为高等教育机构中心活动的大学教学必然也是一项复杂的大工程，这种复杂性体现在各个方面。

1）大学教学的复杂性源于教育对象的复杂性

教育教学工作的对象是人，人是复杂的。正如卡西尔所言："人之为人的特性就在于他的本性的丰富性、微妙性、多样性和多面性。"[①]作为大学教育对象的大学生是年龄在17岁–23岁之间的青年，他们因处于进入社会前的特殊阶段，身体和心理状况更加复杂。其复杂性不仅表现在个体层面，在群体层面表现得也很明显。首先，大学生的个体心理具有复杂性。大学生与其他阶段的学生相比更具有复杂性，其心理发展的矛盾性更为突出。大学生处于学校到社会之间的过渡时期，心理成熟滞后于身体成熟，心理发展充满各种冲突：独立性与依赖性的矛盾、闭锁性与开放性的矛盾、理想性与现实性的矛盾以及好奇心与盲目性的矛盾。[②] 其次，大学生群体成分具有复杂性。一所高校的大学生来自全国各个不同的地域和家庭，他们自入校之前就是各种不同文化价值观的持有者。大学生群体是多元价值和文化的集合体。尤其是近年来，随着高等教育大众化和国际化进程的不断推进，大学生群体在不断增量的同时，也变得更加庞杂，学生群体之间的文化和价值观也开始变得更加复杂多样。

2）大学教学的复杂性源于教学过程的复杂性

① 教学情境具有很强的易变性。

教学情境是指教师在教学的特定时空中，通过主客观的综合筹措所营造的、与教学内容直接关联的、外在客观境况与内在心理境况相融合

---

① [德]．恩斯特·卡西尔著：《人论》，甘阳译，西苑出版社2003年版，第20页。
② 王洪飞，徐姣：《"80后"大学生的特点及其成长规律研究》，《沈阳航空工业学院学报》2009年第6期。

的、教学的当下在场状态①，由于教师从事教学专业的工作对象是活生生的、健康的人，不是相对静止的物，教学过程中随时随地都会有许多不同的方面需要教师面对、处理。教学情境具有强烈的不确定性和即时性，也具有很强的动态性和变化性。大学教学问题的产生具有不随意性和随时性。

② 教学过程中存在大量的缄默知识。

在教育教学过程中，不仅存在着大量的显性知识，而且也存在着大量的缄默知识。所谓缄默知识，就是"指那些平时为我们所意识不到但却深刻影响我们行为的知识，相当于中国古人所说的'只可意会不可言传'的知识，也可以称之为'日用而不知'的知识"②。在教学过程中，各种类型的缄默知识大量存在，"既存在着教师的缄默知识，也存在着学生的缄默知识；既存在着有关具体的教学内容的缄默知识，又存在着有关教授和学习行为的缄默知识，还存在着有关师生交往和学生之间交往的缄默知识；既存在着与语言知识学习有关的缄默知识，又存在着与社会知识学习、自然知识学习等有关的缄默知识；既存在着与教学过程有关的缄默知识，又存在着与教学空间有关的缄默知识"③。

大学教学情境的易变性以及大学教学过程中大量缄默知识的存在共同决定了大学教学的复杂性。

（2）大学教学具有专业性

"大学的教学同医学临床一样，具有高度技术性。外行人要求教授和医师作出什么贡献，是可以的。让外行人去指点教授应如何教学或医师应如何开处方，那就荒唐了。"④

---

① 李鸿：《对大学课堂教学情境理论的初步探索》，《现代教育科学》2003年第9期。
② 石中英：《关注缄默知识深化教学改革》，《人民教育》2004年第3-4期。
③ 。石中英：《知识转型与教育改革》，《教育科学出版社》2001年第5期。
④ ［英］阿什比：《科技发达时代的大学教育》，滕大春，滕大生译，人民教育出版社1983年版，第60页。

1) 大学教学的专业性来自于高等教育的专业属性

高等教育是"建立在中等教育基础上的各种专业教育"①。高等教育的本质特征在于它是有序地培养高层次专门人才的一种社会活动。② 高等教育旨在以学科（专业）为基础，以传授、学习专业基本理论、基本知识和基本技能为主要任务，为学生将来适应某个专业要求构造一个知识、能力结构框架，培养高级专门人才。高等教育实施的是专业教育，专业性是其基本属性。高等教育的专业教育属性决定了大学教学必然具有显著的专业性。

2) 大学教学的专业性来自于大学教师的从业资格

受制于高深知识和大学学术自身的专业性，与大学教师同时产生的便是一系列大学教师检定制度。在不同的时代、不同的国度乃至不同的大学中，这些资格要求会有所不同。如1913年，由当时教育部公布的《私立大学规程》中就当时大学教师的任职资格作出了如下要求：① 在外国大学毕业者；② 在国立大学或经教育部认可之私立大学毕业并积有研究者；③ 有精深之著述、经中央学会评定者。如校长、教员一时难得合格者，得延聘相当之人充任，但须呈请教育总长认可。③ 虽然大学教师的资格要求具有明显的相对性，但这一制度的存在本身却体现出了大学教学对于教师从业资格的限定性。而对大学教师资格予以限定的系列制度则成为大学教学专业性的另一重要体现。

另外，教学内容是高深知识，而高深知识本身的专业性必然影响到大学教学，使大学教学体现出专业性。

---

① 《中国大百科全书》（简明版·第3卷），中国大百科全书出版社1996年版，第1497页。
② 龚放：《高等教育的本质特点不容忽视》，《高等教育研究》1995年第1期。
③ 潘懋元，刘海峰：《中国近代教育史资料汇编·高等教育》，上海教育出版社1993年版，第370页。转引自：田正平，吴民祥：《近代中国大学教师的资格检定与聘任》，《教育研究》2004年第10期。

(3) 大学教学具有研究性

1) 大学教学的研究性源于教学过程本身

教师的教学过程就像律师设计案件的处理方案一样,是一个研究设计的过程。大学教学的研究性突出体现在教学设计阶段的教学内容转化过程中。大学教学内容主要源于教师所任教的学科内容以及自己的科研成果,其主要内容是高深知识。这种知识深奥神秘,属于具有强复杂性的知识范畴。高深知识不等同于教学内容,它们要成为可教授的教学内容,需要实现一种转化。教师若要成功地对任教学科内容和科研成果作出向教学内容的转化,需要具备多方面的专门知识基础,并结合教学对象的特点以及教育目标的要求进行很好的研究和思索。另外,大学教学过程中存在大量的缄默知识,其中有些是有利于教育教学工作的,而另一些却会阻碍教育教学工作的顺利开展。教师要保证教学工作的顺利开展就需要对其作出研究和区分,这恰恰体现了大学教学的研究性。

2) 大学教学的研究性还源于大学生的学习特点——研究性学习

大学生的年龄特点和思维特点决定了他们的学习已不能再停留于对既有学科知识的单向接受,而更应成为一种创造性的研究性学习。何谓研究性学习?从广义上讲,研究性学习是指学生探究问题的学习,是一种学习方式;从狭义上讲,研究性学习是指学生在教师指导下,从自然、社会和生活中选择和确定专题进行研究,并在研究过程中主动地获取知识、应用知识、解决问题的学习活动。[1] 这种学习活动的开展对教师提出了很高的要求,要求教师既应具有较强的科研能力,又要有对课程作出重构的能力[2],需要大学教师进行研究性教学。而这都体现了大学教学的研究性。

---

[1] 陆根书,于德弘:《学习风格与大学生自主学习》,西安交通大学出版社2003年版,第188页。

[2] 夏学芳:《大学生研究性学习的价值及开展条件》,《大学(研究与评价)》2007年第9期。

(4) 大学教学具有创新性

1) 大学教学的创新性源于大学教育的目标

培养创新型人才是教育的目的所在。"教育的目的及结果就是要培养和造就一大批具有创造、创新、创业精神和能力的人才。"① 而"教师要把一个个活生生的独特个体从蒙昧状态培养成社会所期望和需要的人才……要靠高度的创造性的劳动"②。培养创新型人才也是当今这一特殊时代所要求的。知识经济时代要求大学培养创新型人才。创新型人才是掌握现代最先进的文化科学技术，能够创造性地运用所学知识和技能，为发展社会生产力作出创造性贡献的专门人才。大学教学必须把培养学生的创造能力放在重要地位。大学教学由此具有创新性。

2) 大学教学的创新性源于教学过程的知识生成能力

① 大学教学的创新性源于其对于教学实践知识的生成能力。

在教学过程中，教师不仅传播知识，更能创造并生成新的知识，通过研究改进和推动教学。为了实现创造性的培养目标，教学就要做到与科研的相互融合，做到对教学过程的精心设计。在教学过程的设计方面，教师围绕创新型人才培养这一目标，结合自己学科特点、科研进展情况及学生特点，精心研究设计出适应本学科特点的教学思路和教学方法，体现出教学自身的创新性。

② 大学教学的创新性源于其对于教育理论知识的生成能力。

大学教学不仅仅是对已有教育理论的简单应用，更是对既有教育思想理论检视和验证的过程。在此过程中，教师可能会产生质疑和批判，并由此产生新的问题，进而引发一系列新教育理论的生成。

③ 大学教学的创新性源于其对于科学知识的生成能力。

大学教学的创新性不仅体现于自身，还体现于其所授内容——科学

---

① ［美］约翰·宾著：《研究性学习》，张仁铎译，朱永新审校，江苏教育出版社2004年版，第5页。

② 李瑾瑜：《论教师专业精神及其培育》，《教育研究信息》1996年第12期。

知识，不仅科学知识本身可赋予大学教学以创新性，大学教学过程也为科学知识的生成创造了条件。教师在教学活动中，通过与学生互动交流、启发思维，可以发现科研中的盲点、重点和难点，力促产生创新性科研成果[①]，有助于刺激生成新的学科内容知识。

（5）大学教学具有交流性

人们一般认为教学是个性化极强、无法交流的活动，但交流不只局限于书面等正式的形式，还包括模仿以及潜移默化地熏陶等各种非正式的形式。当教师将教学反思成果显性化后，大学教学开始脱离具体情境并更具有普适性。与之对应的教学交流方式可体现为会议、报告、论文和书籍等多种形式。

大学教学的复杂性、专业性、研究性、创新性和交流性共同决定了大学教学的自主性。

大学教学具有学术性，是一种学术。更明确地说，大学教学应该是一种学术，学术是大学教学的内在特质、本然面貌。

---

① 吴平，陈学敏:《论"教学型"教授——兼谈大学教学与科研关系》，《中国大学教学》2006年第6期。

四　教学学术的基本理论

大学教学具备成为学术的条件，大学教学是一种学术。"教学学术"具有合理性，是合理的。然而，大学教学是一种什么样的学术？教学学术的内涵是什么？它在整个学术生态中所处的位置如何？它与其他学术形式的关系如何？有何不同？这种不同源自何处？大学教学成为学术对教学而言意味着什么？教学学术的意义何在？它的实现条件又是什么？对诸如此类理论问题的解决都是教学学术思想在实践中得以有效落实的前提。

1. 教学学术的内涵

从整体上看，教学学术具有相对性，它既是一种学术，也是一种教学。而在学术和教学两个领域中，教学学术又分别是一种学术类型和教学水平。这是其整体层面的相对性在学术和教学领域内的进一步体现。

（1）教学学术：一种学术类型

1）教学学术的学术构成

教学学术具有一般学术所具有的四种维度：知识、研究、交流和自主。

① 知识维度。

"人们所有有目的的实践行为都是受知识支配的，或者说，是由知识所建构的。一种有目的的实践行为背后就有一套系统知识基础的存在。不存在没有任何知识基础的有目的的实践行为。"① 大学教学作为一种有目的有意义的实践活动,必然也有其特定的知识支撑。

第一,横向的知识构成。

关于教学知识的讨论在基础教育领域已有较多也较成熟。具有代表性的观点主要有以下几种。美国学者舒尔曼(L. S. Shulman)认为,教师应具备学科知识(subject matter knowledge)、一般教学法知识(general pedagogical knowledge)、课程知识(curriculum knowledge)、学科教学法知识(pedagogical content knowledge)、有关学生及其特征的知识(knowledge of learners and their characteristics)、关于教育情境的知识(knowledge of educational contexts)和有关教育的目的、目标、价值及其哲学与历史渊源的知识。② 格罗斯曼(P. L. Grossman,1995)认为教学知识体现为公共知识(knowledge of content)、学习者及其学习的知识(knowledge of learners and learning)、一般教学法知识(knowledge of general pedagogy)、课程知识(knowledge of curriculum)、教学情境的知识(knowledge of context)和自我的知识(knowledge of self)。③ 我国学者范良火认为教师的教学知识主要指关于教师怎样进行学科教学的知识。具体而言,它包括三个部分:教学的课程知识、教学的内容知识和教学的方法知识。前者指关于包括技术在内的教材和资源的知识;中者指关于表达教学概念和过程方式的知识;后者指关于教学策略和课堂组织形式的知识。④

---

① 石中英:《知识转型与教育改革》,教育科学出版社2001年版,第221页。

② Shulman, L. S. *Knowledge and Teaching : Foundations of the New Reform. Harvard Educational Review* . 57. 1987. 1-22. 转引自:王艳玲. 教师应该具备哪些知识——近20年来美国教学"知识基础"研究述评 [J]. 外国中小学教育, 2009 (8).

③ Munby, H.; Russell, T.; Martin, A. K. *Teachers' Knowledge and How it Develops* . In Merlin C. Wittrock (Ed.) Handbook of Research on Teaching (3rd Ed. pp. 887-904). New York: Macmillan Publishing Company. 2001.

④ 范良火:《教师教学知识发展研究》,华东师范大学出版2003年版,第44-45页。

表4-1 教学知识的基本构成

舒尔曼	学科知识；一般教学法知识；课程知识；学科教学法知识；有关学生及其特征的知识；关于教育情境的知识；有关教育的目的、目标、价值及其哲学与历史渊源的知识。
格罗斯曼	公共知识；学习者及其学习的知识；一般教学法知识；课程知识；教学情境的知识；自我的知识。
埃尔伯滋（Elbaz）	自我的知识、学科的内容知识、课程发展的知识、教学法知识、教学情景的知识。[①]
范良火	教学的课程知识、教学的内容知识和教学的方法知识。
林崇德	本体性知识、条件性知识、实践性知识、文化知识。[②]
刘清华	学科内容知识、课程知识、一般性教学知识、学生的知识、教师自身知识、教育情景知识、教育目的及价值知识、学科教育知识。[③]

由此可以看出，学术界对教学知识构成的理解、仁者见仁、智者见智，不同的学者看法互不相同。笔者认为若依其距离教学实践的远近程度，教学的知识类型大致可以归类为条件性知识和本体性知识两大部分。条件性知识包括教师所任教学科的专业知识和具有普适性的一般科学文化知识，又称为学科知识。本体性知识包含基本的教育理论知识和教学实践知识两个层面，又称教育知识。教育理论知识体现为教育基本理论、学科教学法、学生心理学以及前沿性的教育思想理论。教育理论知识可以通过书本、课程以及讲座等多种渠道获得，具有很强的公共性。教学实践知识是教师通过课堂教学实践经验而非正规的直接理论培

---

① Elbaz F. Teacher Thinking: A Study of Practical Knowledge. London: Croom helm. 1983. 216.
② 林崇德:《从教师的知识结构看师范教育的改革》,《高等师范教育研究》1999年第6期。
③ 刘清华:《教师知识的模型建构研究》,中国社会科学出版社2004年版,第37-42页。

训的途径所获得的,并在实践中得到确认的,针对于实践中出现的问题的解决的那部分知识。包括教师的信仰、价值观感、惯例等多项要素。① 教学实践知识来自教师对自身实践的经验总结和反思,仅存在于教师个体的实践活动当中,具有很强的个体性。依其是否有理论的影响和参与,又可进一步将其区分为一般的教学实践经验和理论化了的教学实践知识。

与条件性知识相比,本体性知识是距离教学实践更近的一种教学知识,更能体现教学的本质特性,是教学区别于其他活动的标志。在本体性知识内部,由于理论源于实践,而理论最终也需要经由实践发生作用并得以实现,因此,教学实践知识又是其中更为核心和更为根本的知识类型,也是最能够体现教学活动特色的知识类型。可以说,教学实践知识是教学知识的基础,在教师的教学知识中占绝大比例。

同为教学,大学教学知识也相应体现为条件性知识和本体性知识两方面,只是具体内涵有所不同而已,这种不同在条件性知识方面体现得更为明显。对于大学教学而言,除去普适性的基本科学文化知识,其条件性知识更多集中于高深知识的范畴,而这种高深知识既应包含本学科专业领域的理论知识,还应包含相关领域的专业知识及其发展动态,这是非常必要的。这种必要性一方面来自于科研,另一方面来自于教学。首先,作为一名学者,其创新力往往来自交叉学科,来自学科之间的融合。对相关学科知识的了解,一方面更有益于教师的专业科研,另一方面有助于使其教学建立于更广阔的学科背景之下。教师一旦具备了广博的科学文化知识,熟悉了相关专业的知识及发展动态,他就会对本学科在整个科学背景之下的地位形成更为清晰的理解。这不仅可以使教学变得更加丰富多彩,而且有助于培养综合性人才。受教育对象及条件性知识的制约,大学教学也必然拥有独特的本体性知识,如独特的学科教学

---

① 何晓芳,张贵新:《解析教师实践知识:内涵及其特性的考察》,《教师教育研究》2006年第3期。

论、学生心理学等,但它与基础教育教学的本体性知识差别不大,几近于相同。这种知识距离教学实践更近,更能体现教学的本质特点。本文所讨论的大学教学知识主要集中于此范畴。为方便起见,笔者将其界定为狭义的教学知识,简称"教学知识",包含教育理论知识和教学实践知识。

第二,纵向的知识沟通。

教学学术不仅具有各种静态的知识构成,而且更注重诸种知识类型之间的互动以及在互动过程中新知识的生成。

首先,教育理论知识与教学实践知识之间的互动。教学实践活动在教学学术中占有很重要的位置。它一方面为教学学术思想的贯彻落实提供了渠道和平台,促使教学学术思想实体化,另一方面,也是教学学术发展的重要基础,是其思想内涵的重要来源和支柱,是教学学术的生命源泉。教育理论知识与教学实践知识之间的互动过程实质上是教育理论到教学实践的运用过程。通过这种应用,教育理论知识与教学实践知识相互整合,生成"关于如何有效教学的知识"。"关于如何有效教学的知识"虽然也属于实践知识的范畴,但已不再是一般的实践经验,而是理论化了的教学实践知识。

其次,学科理论知识与教学实践知识之间的互动。教师通过将学科专业知识与关于如何教的知识相互整合后,则生成了教学内容知识(pedagogical content knowledge)。[1] 教学内容知识是学科知识和教育知识二者的整合,是对学科内容进行教育心理学加工而获得的知识类型。要获得这种知识,就要求教师运用已有的教育理论知识、教学内容知识,从教学的角度、以教学为目的去认识、理解和展示自己所任教的学科内容。[2] 教师的教学内容知识除了源于自身直接的整合实践外,源于他人的间接教学内容知识也是一个重要来源。

---

[1] Shulman, L. S. Knowledge and teaching: foundations of the new reform. Harvard Educational Review. 1987. 57 (1). 1–22.

[2] 王芳,卢乃桂:《教学内容知识:教师教育中教学实践课程的重点》,《教育发展研究》2010年第2期。

② 研究维度。

研究是教学学术得以实践的重要途径和方式，也是最能体现大学教学学术性的一个维度。对于一名教师尤其是大学教师来说，研究能力非常重要。正如钱伟长所说："你不上课，就不是教师；你不搞科研，就不是好老师。教学是必要的要求，不是充分的要求，充分的要求是科研。科研反映你对本学科清楚不清楚。教学没有科研作为底子，就是一个没有观点的教育，没有灵魂的教育。"他所说的科研其实包括两方面的研究，一方面是教师对于其任教学科的专业研究，另一方面则是教师对于教育教学的研究。同其他学术活动一样，教学学术的研究也体现为三个环节：反思、研究及研究成果的生成。

反思是研究的起点。教师在教学中的反思不是一般的经验总结性反思，而是有理论支持的批判性反思，具体体现为行动中反思（Reflection – In – Action）和行动后反思（Reflection – On – Action）。其中，行动中反思是指个体有意识地或潜意识地不断对与他以往经验不符合的、未曾预料的问题情境的重新建构。行动后反思是个体对已经发生的行为的回顾性思考，其中也包括对行动中反思的结果与过程的反思。① 具体体现为：对备课过程的反思、对教学内容在课堂中的适用程度的反思、对教学方法在课堂中的适用程度的反思、对课堂教学效果的自我评估等等。通过反思，教师很容易发现自身教学中的诸种问题，为教学研究提供突破口。

教师从事教学研究的方式有基础研究和应用研究两种。其中，基础研究即传统意义上的教育学基本理论研究，它实际是发现的学术在大学教学领域的运用。应用研究是教学研究的主要方式。教学学术更强调其中的行动研究。行动研究是一种可以形成原理和理论的应用研究，它以行动为导向，并致力于实践的改进。通过研究，不仅促成教学问题的解

---

① Schon, D. A. The Reflective Practitioner: how professionals think in action. New York. Basic Books. 1983. 转引自：刘加霞，申继亮. 国外教学反思内涵研究述评 [J]. 比较教育研究，2003 (10)：30 – 34.

决,而且促成了新知识的生成,也就是研究成果的产生。一种是隐性知识的生成,如教师对自身教学的经验总结(未形成书面文稿)或一种新的教学方法等。另一种是显性知识的生成,如教师对行动研究的过程和成果进行梳理总结形成的教学实践报告,还有专门撰写成文的教学研究论文等等。

③ 交流维度。

学术的生命在于交流,在于学术主体间的思维碰撞。缺乏交流的学术必定是死水一潭,毫无生机和活力可言。正是通过交流,学术才得以获得广泛的认可和持续的发展力。正如舒尔曼所言,交流是教学成为学术的关键,是教学成为公共财富的重要途径。正因为此,交流构成了教学学术的另一个重要维度。教师的交流可以体现为多种层次和形式。从层次上看,最为便捷也最为经常的是微观层面的教师个体之间的交流,如教师之间的互相听课、评课,教学讨论等等。中观层面的教学交流主要体现为由学校或者院系组织的定期听课评课以及教学讨论会等等。宏观层面,教学交流则体现为学校之间、地区之间乃至国家之间的各种教学交流。从形式上看,教师之间的教学交流可以是非正式的交谈,也可以是正式的会议发言和报告,甚至是撰写成文并公开发表的学术论文。

④ 自主维度。

"大学需要绝对的教学自由,国家担保大学享有开展科学研究和教学活动的权利,而不必受党派政治的控制,也不必受任何通过政治、哲学或者宗教意识形态所传达的高压的控制。"[①] 大学教学应该享有自由,这是"由于教师最清楚高深学问的内容","他们最有资格决定应该开设哪些科目以及如何讲授"、"谁最有资格学习高深学问(招生)、谁已

---

① [德]卡尔·雅斯贝尔斯:《大学之理念》,邱立波译,上海人民教育出版社2007年版,第185页。

经掌握了知识（考试）并应该获得学位（毕业要求）"。① 同时，教学作为学术，在理论上也应该享有与科研活动一样的自由。但教学自由不应仅停留在教师群体层次，更应落实到教师个体层次，教学自由应是每个教师所拥有的个体意义上的自由。现实的自由是制度环境中的自由，是靠制度保障的，具体体现为教师对教学自主权的获得。教师的教学自主权是外部赋予的，但更是由教学本身的学术特性决定的。教学自主权涉及教学系统的各个层面。既有传统意义上的教学研究自主权，也有教学实践自主权；既有宏观层面的教学政策、教学计划、教学大纲的编制及决策权，也有微观层面的教学评价、教学活动以及对学生的评分权。

2) 教学学术在现代学术生态中的定位

教学学术并非孤立存在，而是生存于博耶所提出的现代学术生态之中，带有与生俱来的相对性。这种相对性是其整体的相对性在学术领域内的体现。因此，对教学学术作出理解更应在大的学术环境中进行，在同其他各类学术的比较中进行。

① 何为现代学术生态。

博耶在其发展报告中提出了一种新的学术观，构建了一种新的学术生态环境，即现代学术生态。现代学术生态包含四种类型的学术活动：发现的学术（discovery）、整合的学术（integration）、应用的学术（application）和教学的学术（teaching）。其中，发现的学术即我们所说的传统学术的全部内涵。在当代科学知识型下，发现的学术体现为科学研究。通过自由地质疑、借助传统的科学方法致力于新知识的生成是高等教育存在的重要基础。整合的学术即"在学科之间建立联系，将专业放入大的背景之中，并以揭露事实真相的方式对数据进行解释"，设法"通过解释、整合等手段，实现在原有研究基础上的创新"。应用的学术，即将已有的学术知识应用

---

① 约翰·S. 布鲁贝克：《高等教育哲学》，王承绪等译，浙江教育出版社2001年版，第31页。

到相关的实践活动中,利用学者所属学科的知识致力于解决重要的个人、大学以及社会等诸种实际问题。在应用的过程中,理论与实践交互作用,相互更新,并在此过程中促生新的学术性理解。① 教学学术的目的在于提高并促进教师教学实践的发展。从表面看去,诸学术各不相同、相互孤立,但在实质上,诸学术之间彼此关联、相互重叠。

四种学术类型之中,发现的学术更强调对于新知识的生成。整合的学术则使这种知识达致清晰。应用的学术促成理论与实践的沟通,并由实践达成理论的丰富及更新。教学的学术促成知识的共享及公开化。整合帮助形成新的知识基础,对应于学术的内容。发现、应用和教学意味着研究、应用和传播,对应于学术的形式。因此,与其说它们是学术的四种类型,倒不如说它们是一种学术活动的四个基本构成或者环节。实质上,在任何一种学术活动之中,这四种成分都是必不可少的,只不过对于某种成分更为注重罢了。即发现、整合、应用和教学均是一个完整学术活动的四个环节。反过来说,作为环节的每一种学术类型本身又都包含这四个学术环节。即发现、整合、应用和教学分别作为一个完整的学术活动均又包含发现、整合、应用和教学四个环节。它们之间是一种既相互承接、相互并列又相互包含的关系。

② 教学学术在现代学术生态中的定位。

教学学术在整个学术生态中,既作为一个环节存在于其他各种学术类型中,也作为独立的学术活动包含其他各种学术类型。

第一,教学学术作为一个学术环节。

在一个学术活动之中,整合是为了发现知识,而发现旨在于应用。然而,若止于此,这种学术活动仍然只是个体层面的、缺乏生命力的活

---

① Boyer, E. L. *Scholarship reconsidered: Priorities of the professoriate*. New York: Wiley. 1991. 23.

动。因为"学者的工作只有当被其他人所理解的时候才会变得重要"[①]。"教学支撑着学术,没有教学的支撑,学术的发展将难以为继。"同时,通过教学也能够起到教育和引导未来学者发展的作用,为学术的发展培育后备人才。[②] 可以说,"充满创造性的教学能够保证学术之火薪薪不息……若缺少了教学这一职能,知识的延续性将被破坏,人类知识的储备也会面临变小的危险"。因此,无论是以期被别人理解还是以期获得持续的生命力,教学学术无疑都是一个重要途径和手段。教学学术既是学术的终点,也是学术的起点。

第二,教学学术作为一种学术活动。

任何一种学术活动本身都会包含博耶所说的四种类型作为其环节,教学学术也不例外。"教学学术涉及对教学实践中的问题的提出,运用特定学科的方法论、方法对问题进行研究,将研究结果运用于实践,将研究结果予以彼此交流,自我反思,并参与同行评价"。[③] 教学学术需要博耶所提出的四种学术类型的全部知识和技能。这从教学学术的学术构成中也可以看出。如在教学学术的知识维度中,既有教育理论知识与教学实践知识之间的沟通,也有学科知识与教育知识之间的沟通,而这些在本质上既是整合的学术,也是应用的学术。

---

① Boyer, E. L. Scholarship Reconsidered: Priorities of the Professoriate. Princeton, N. J. : Carnegie Foundation for the Advancement of Teaching, 1990. 23.

② Boyer, E. L. Scholarship reconsidered: Priorities of the professoriate. New York: Wiley. 1991. 24.

③ American Association for Higher Education. Your invitation to participate in the Carnegie Teaching Academy campus program (Instruction Sheet: Campus Conversations, Part One), Washington DC, 1998.

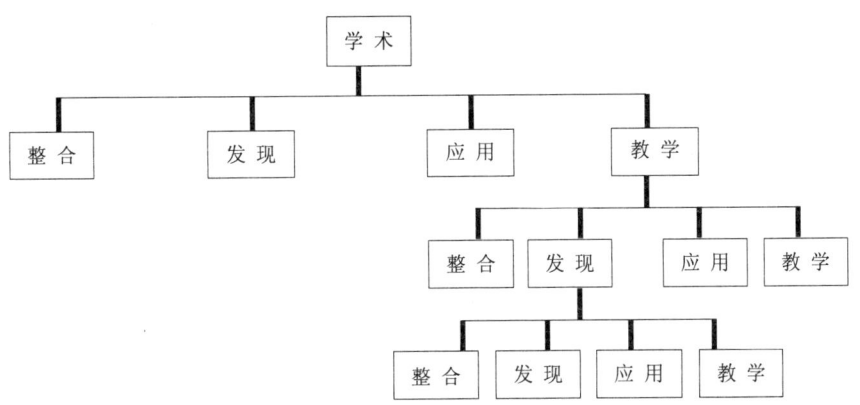

图 4-1 教学学术在现代学术生态中的定位

具体到各学术类型,教学学术与它们又有什么样的关系呢?有什么不同、又互相有何种影响?笔者认为在学术的各种形式之中,教学学术与发现的学术之间的关系更为微妙,也更值得探究。因为发现的学术是传统学术观的全部内涵,而教学的学术在传统学术观下是不被认可的。教学学术可被视为现代学术观的代表。教学学术与发现的学术之间的对比更为强烈,也更易体现教学学术的独特性。发现的学术以教师所任教的学科知识为其内容。在当今的科学知识型下,这种学科知识是强专业性的科学知识、学科知识。因此,发现的学术相应具体化为科学学术、学科学术。由于它具有强专业性,笔者暂时称其为专业学术,以方便与教学学术对照讨论。

3)教学学术与专业学术的比较

① 知识维度。

教学学术与专业学术的不同首先体现在其学术的内容方面,二者具有不同的内容。首先,教学学术的内容更为多样。专业学术的内容较为单一,多指教师所任教的学科专业。教学学术的内容具有双重性:一方面是教师所任教的学科专业知识;另一方面是与教育、教学等活动直接相关的教育理论与实践知识。其次,教学学术的内容更为立体。专业学术的知识虽然也有整合的意味，但它那种整合局限于同一层面，仅仅是不同专业理论知识之间的整合。教学学术与之不同，教学学术的知识整合是理论与实践的整合。整合的过程包含了理论对于实践的应用，相比专业学术更为立体。

② 研究维度。

第一，研究的取向不同。

专业学术指向于理论，为学术而学术，具有较强的外向性，教学学术不仅指向于理论，更强调对于实践的指导，为实践而学术，具有较强的内向性。长期以来，受传统学术的超客观性影响，专业学术遵从为学术而学术的理念，其研究动机多指向于对理论自身的完善，相对忽视实践活动的重要性，认为学术研究不应受社会环境和实践的影响。虽然近年来科学知识的功利性重新抬头，学术对于实践的意义和价值被重新认识到，但学术成果对于实践多是间接而非直接发生作用的。这种传统学术认识的结果便是学术（理论）相对实践高高在上，理论与实践之间生成阻隔。因此引来实践界对学者、对理论囿于象牙塔的批判。与专业学术相比，"教学学术是持续的专业性发展，在同行评价的环境中传播实践驱动的课程或教育学研究"（Faculty Certificate Program）。这一界定强调了教学学术的三个特性：持续不断的学习、实践情境和同行评价。实践情境是教学学术不同于传统学术的突出特点。虽然教学学术也同样注重教师对于理论知识的生成，但由于教学学术内在于教学实践，其研究的指向还在于解决教学问题，改进教学实践。具体来说，教学学术的实践性突出体现于其研究的动机在于对实践问题的解决，其所要研究的问题来源于教学实践。一般而言，教学学术的问题以两种形态存在：一方面，问题源于大学教学活动的过程之中，是一种自在的存在；另一方面，问题源于大学教师对自身教学过程的反思，是一种自觉的省察和发现。动态的教学实践中的问题构成了教学学术探究的起点和平台，而问题的解决本身构成了大学教师从事教学学术活动的动力。可以说，大学教学活动自身便是学术活动。然而，经由问题解决而形成的理论则是直接指向于实践活动的。与专业学术相比，教学学术所形成的理论具有明显的策略性和建议性，距离实践活动更近，也更为直接。实践情境是教学学术生存和发展的土壤，这种实践性情境涉及课程、课堂经验、教学以及学生的学习等一系列的实践性问题。因此，传统学术观影响下的专业学术是诉诸于外部世界的探究，是对外在于自身的事物的思索和探究，具有外向性。而教学学术则是指向于实践活动、指向于教师自身的内向性学术活动，是对实践活动以及教师自身的内在的反思和超越，具有内向性。

第二，研究的主体不同。

研究的取向决定了研究的主体。专业学术的外向性决定了从事专业学术的研究人员多为外在于研究对象的专家，即相关学科的学者或在读博士研究生、硕士研究生。研究主体的学科界限比较明显。近年来，随着跨学科研究的兴起，专业学术的研究主体也开始变得多样化起来，但这种多样化仅仅是在已有研究对象群体内部的交叉组合而已。教学学术的内向性特点决定了其研究主体多为一线的大学教学管理者及教师。但教学是所有大学教师的天职，是各类学科教师的共同使命，教学学术是多学科教师的共同语言。与专业学术的研究主体相比，教学学术的研究主体更为多样。基于此，我们称从事专业学术的学者为学科学者，称从事教学学术的主体为教学学者。

第三，研究的方式不同。

研究的取向和主体共同决定了研究的方式。纯理论的研究取向及研究主体的实践外在性，决定了基础研究是专业学术的主要研究方式。强实践指向性及研究主体的实践内在性决定了应用研究尤其行动研究是教学学术的主要研究方式。

第四，研究的成果不同。

研究取向、研究主体以及研究方式等方面的差异决定了二者的研究成果必然相异。其差别突出体现在研究成果的指向上。专业学术的研究结果主要进入相关学科的公共知识领域,用以丰富已有的公共知识,作为该领域后续研究的素材和基础。少数研究成果可以为实践提供间接的理论参考。在教学学术的研究成果中,除了进入公共知识领域进一步丰富研究成果、作为进一步研究的素材和基础外,更大部分回归到教学实践,为大学教学直接提供学术指导。因此,教学学术的理论成果具有很强的策略性和建议性,是具有强烈实践色彩的知识。

③ 交流维度。

研究成果的指向不同决定了其呈现方式亦有所不同,即两种学术类型的成果交流方式存在差异。专业学术成果的呈现方式单一。在高水平的期刊杂志发表学术论文、出版学术专著是专业学术呈现的唯一权威形式,以其他形式呈现的成果质量不高或说服力不足。与之相比,教学学术成果的呈现方式更为多元。由于教学学术具有强实践指向性,单一的以出版物为其学术成果的形式不足以反映教学学术的初衷,乃至会降低教学学术本身的价值和影响力,仍然会使教学出现理论与实践两层皮的现象。同时,由于其研究成果具有多样性,因此,教学学术成果的呈现方式更趋于多样化。包括课程设计、课程发展、教学评价实践(对教师的评价实践、对学生的评价实践)、教学技巧以及教学研究成果、教学经验总结报告等多种形式。[①] 既体现在文本形式,即多样化的期刊论文和学术论著,也体现在口头形式的教学研讨会、教学示范以及网上的教学成果展示等多种形式。

④ 结论。

第一,教学学术较专业学术更为综合。

由教学学术的内容来看,它是较专业学术更为综合的一种学术形式。专业学术的内容较为单一,仅仅是本学科的专业理论知识。因此,从事专业学术仅是以学科专业、单学科属性作为其基础。虽然也会要求学科学者从事传播知识的活动,但未必要求其达到教学学术的水平。教

[①] Maxine P. Atkinson. The Scholarship of Teaching and Learning: Reconceptualizing Scholarship and Transforming the Academy. Social Forces. 79 (4). June 2001.. 1217 - 1230.

学学术的双重内容决定了教学学术的双重属性：学科属性和教学属性。其中，学科属性来源于专业学术。良好的专业学术素养是从事教学学术工作的重要前提和基础。也就是说，教学学者首先应是一个好的学科学者。因此，一名好的学科学者未必是一个好的教学学者，但一个好的教学学者则必须首先是一名优秀的学科学者。从二者的知识维度来看，"学者即良师"的观点是不成立的。另外，从研究维度来看，教学学术也是比专业学术更为综合的一种学术类型。因为教学学术的研究维度中也包含着传统学术（发现的学术），教学"不仅意味着传播知识，更意味着改造和扩展知识"①。

第二，专业学术影响教学学术。

专业学术作为教学学术内容的一个方面，必然会对教学学术有所影响，并进而造成教学学术的学科化色彩。归属于不同学科的教师会不自觉地将其专业学术中的思维、视角迁移到教学学术中来，不同学科的教师对教学学术的理解也会不同。这种不同体现于多个方面。首先，不同学科的教师对教学学术会采取不同的方法论理解。如社会学科的教师多倾向于认为教学学术应更多采用类似访谈、问卷或其他准实验的方法，而另一些学科的教师则可能认为教学学术应更多采用思辨性、抽象性等具有强烈批判性的内容性分析方法。其次，不同学科的教师在从事教学学术时由于受到其学科思维的影响，其所关注的问题也有所不同。如：化学学科的教师认为"教学学术以学生的学习为其学术重点，鼓励教师进行调查、论证以及成果的公开展示"②。社会学的教师认为"教学学术是教师对自己的一系列反思和质疑，如所任教学科的目的何为，通过何种途径能够达到这些目的，可以论证的成果都有哪些……鼓励教师

---

① Boyer, E. L. *Scholarship Reconsidered：Priorities of the Professoriate*. Princeton, N. J.：Carnegie Foundation for the Advancement of Teaching, 1990. 24.

② Coppola, B. P., & Jacobs, D. C. *Is the scholarship of teaching and learning new to chemistry?* In M. T. Huber & S. P. Morreale (Eds.), Disciplinary styles in the scholarship of teaching and learning：Exploring common ground (pp. 197 – 238). Washington, DC：American Association for Higher Education. 2002. 202.

依据这种基本思维框架对自己的教学进行更多的经验性的实证研究"①。而信息科学的教师认为"教学学术可以检视信息功能在各种不同的教育情境中的运用情况。教学学术所关注的问题是如何最好地做到教育教学的交流和沟通"②。

第三，教学学术与专业学术的学科归属度不同。

两种学术在知识维度的区别决定了这两种学术的学科归属程度不同。专业学术的基础是学科知识。这种知识的强学科专业性决定了专业学术是归属于不同学科范畴的学术，具有较为明显的学科边界和学科归属性。学科知识是教学学术的一种知识基础。教学学术会因此具有较强的学科色彩，但这种影响仅局限在研究问题及方法的选择等细节层面。另外，教学学术是教师对学科教学作出的批判性检视，此过程离不开相关的教育理论知识。教学学术的学科归属度不大，属于跨学科的学术形式，是各学科教师所共同拥有的、共通理解的学术。从理论上说，教学学术研究属于跨学科研究（专业科学、教育科学）。

教学学术不同于专业学术，也不同于其他学术形式，这种不同是源于大学教学实践本身的。说到底，教学学术仍属于大学教学的范畴，是大学教学的一种水平。

（2）教学学术：一种教学水平

大学教学是一种内含多种水平和层次的复合体，不仅同一群体中不同教师的教学水平存在差异，而且同一教师个体也由于其自身的教学成长而呈现出水平的阶段差异性。依据不同的标准，教学水平的划分也有所不同。本文进行水平划分的主要依据是教学的学术性，即教师教学行为中学术性的彰显程度。教学的学术性主要通过四个维度得以反映：知

---

① Howery, C. B. *The culture of teaching in sociology*. In M. T. Huber & S. P. Morreale (Eds.), Disciplinary styles in the scholarship of teaching and learning: Exploring common ground (pp. 143 – 162). Washington, DC: American Association for Higher Education. 2002. 150.

② Darling, A. L. Scholarship of teaching and learning in communication: New connections, new directions, new possibilities. Communication Education, 2003. 47 – 49.

识、研究、交流和自主。依据教师教学行为的学术性彰显程度，可以把教师的教学水平划分为非学术性教学、学术性教学和教学学术三个水平。教学学术是大学教学水平中学术性彰显程度最高的一种，这是教学学术这一整体的相对性在教学领域中的体现。

1）非学术性教学

非学术性教学是缺少专门知识支撑的教学，这种水平教学的学术性没有得到彰显，被视为一种技术性活动。非学术性水平的教学有两种情况：一种是教师不具备专门的教育知识，学科专业知识是教学过程中理论知识的全部；另一种是教师对教育知识有一定程度的了解，但在教学过程中，理论知识仅仅是摆设，缺少动态的知识转化。无论哪种情况，在这种水平的教学中，教学实践知识居主导地位，教师对教学的认识主要源于教学经验。由于缺少理论知识的同化，教学实践知识仅仅是零碎的经验。因此，非学术性教学也被称为经验性教学。这里的"经验"一方面源于教师在其学生时代对其教师的模仿，另一方面源于教师在工作后对同事的模仿以及自己在教学实践中的不断试误。依靠经验对教学中的行为和问题进行解释和分析，以经验替代理论逻辑。教学因此被认为没有研究的必要。在这类教师的视野中，高深的科学知识才是探究的对象，教学是科学研究的附属品。最能体现这种教学水平的观念便是"学者必为良师"。这种观念认为只要教师的学科专业知识丰富了、科研能力强了，就一定能够成为一名好的教师。因此，丰厚的学科专业知识便成为这种水平的教学对教师的基本要求。

在这一教学水平，教学对于教师只是一种任务，课堂教学的结束便意味着整个教学过程的完结。由于缺乏专业知识对教学的参与，教师的反思一般都是整体性的经验总结式反思，缺少问题指向性和批判性。教师也缺乏理论上进行变革和创造的动力。教学被视为私人活动，教师在实际教学活动中不愿意与同事进行教学方面的交流和讨论。如他们很少互相听课评课，也很少参加各种形式的教学讨论会。同样，由于专业知识的缺乏或者教学的学术性程度不高，这一类教师也缺少相应的教学自主权，他们完全是相关教育政策的被动执行者，完全听命于行政人员的管制，是行政化管理下的教师群体。

2）学术性教学

在学术性教学水平，成为学科专业领域的专家仅仅是成为教师的必要条件而非充分条件。学术性教学水平的教师除了具备较为完整的学科知识体系，还应熟悉并掌握较为完备的教育知识。此外，也应经常性地进行各种类型知识之间的沟通（教育理论与教学实践之间的沟通、学科知识与教育知识之间的沟通）。正因为教师对教育理论知识的占有，学术性教学中的实践知识已不单纯是教师个体的经验积累，而是理论化了的关于如何教的教学内容知识。知识成为教学的基础，也是教学过程中贯穿始终的核心要素。"学者即为良师"的观念也因此受到质疑。

与非学术性教学相比，学术性教学也需要教师经常性地作出反思，但其反思更多的是一种带有理论批判性的、有明确问题指向的反思，很少有经验总结式的整体性反思。学术性教学水平的教师不仅仅停留在对教学过程的关注，而且还超越于眼前的实体教学过程，以之为对象进行批判性思考，以"对教学活动背后的假设机理予以识别、审视"[1]。基于此，学术性教学水平的教师具有强烈的问题意识，会受问题驱动积极寻求课堂教学中的各种证据材料，并通过寻求相应的理论帮助开展行动研究促成问题的解决。由于教师具备了教育知识，大学教学的学术性得到了体现。但学术性水平的教学仍然只是一种个体性活动，教师之间几乎不进行教学交流与讨论，也很少将其教学成果公开化。这一水平的大学教学学术性彰显程度的有限性也决定了这一水平的大学教师对教学自主权拥有程度的有限性。

3）教学学术

当学术性教学接受了公开化、公开评论和评价以及能够为他人所借鉴并作为基础的时候，它就成为了教学学术。[2] "公开化"、"公开评论

---

[1] Brookfield, S. D. *Becoming a Critically Reflective Teacher*. San Francisco: Jossey-Bass. 1995. p. xii.

[2] Hutchings P, Shulman LS. *The scholarship of teaching: new elaboration, new developments*. Change. 31. 1993. 10–15.

和评价"以及"能够为他人所借鉴"都属于学术构成中交流的范畴。而"能够为他人所借鉴"还是建立在教学研究成果的显性化、理论化以及对公共教育理论知识的丰富这一基础之上的。因此,教学学术较学术性教学更强调教学研究的理论生成以及教学交流。这个过程便是教学的学术化过程。正是教学的学术化过程使教学学术较学术性教学更高一水平,理由如下:首先,通过理论知识的生成,实现了实践到理论的回归(实践到理论);其次,通过对教学交流的强调,实现了个人知识到公共知识的增值,使教学变为一种公共财富(个体到公共)。虽然学术性教学也同样强调研究对于大学教学的重要性,但其研究的目的仅指向于自身教学实践问题的解决,很少将其反思研究的过程和成果进行显性化、理论化。其教学活动多局限为教师个体或小范围群体,很少将教学予以公开化,或使其研究成果进入公共教育知识领域。[1] 教学学术水平的大学教师不仅能够很好地完成教学,通过行动研究促成教学问题的有效解决,而且可以对教学过程作出有效论证,生成新的显性知识。更重要的是,经由教学的公开化实现了对于公共教育理论知识的丰富和增值,并能够与同事分享。公开化、被同行评价以及能被同行成员所利用是教学学术的突出特点。在教学学术水平,教学的公共属性被承认,大学教学已不再是教师个体的活动,而成为一种公开化的活动。通过将所生成的知识加以公开交流,实现了教师对其他教师的教学乃至对整个公共教育理论的贡献。因此,交流便成为教学学术水平的大学教学活动中的关键要素,也成为教学学术水平教师的自觉性和习惯性行为。同行评价开始成为教学交流的重要形式。通过参加地区、国家乃至国际的教学会议,或通过撰写成文将其发表,使源自实践的知识得以进入公共知识领域,扩大教学实践结果的价值和普适意义。因此,如果大学教师不仅仅致力于教学实践问题的解决,而且积极将形成的结论提升至理论,并

---

[1] Richlin, L., & Cox, M. D. *Developing scholarly teaching and the scholarship of teaching and learning through faculty learning communities*. New Directions for Teaching and Learning. 97. 2004. 127–135.

以同行评价的方式将之公开化,那么这种教学水平必然是教学学术的,而非仅仅是学术性教学的。总之,研究成果的显性化、理论化以及公开化是教学学术不同于学术性教学的关键之处。同时,教学学术水平的教师也因其教学的强学术性而获得了足够的教学自主权保障。

4) 大学教学水平层次中的教学学术定位

大学教学的各个教学水平相互依存、彼此衔接。不同的教学水平可能存在于不同类型的教师教学中,也可能存在于同一教师个体的不同阶段的教学中。是否拥有专门的、立体的知识基础是非学术性教学和学术性教学的区别所在,而是否生成专门的理论知识,并将其显性化、理论化以及公开化则是学术性教学和教学学术的区别所在。由此可以看出,大学教学的各个水平是逐次递进、渐趋丰富的。由非学术性教学到学术性教学再到教学学术的转变,实际是大学教学的学术性彰显程度逐步提高的过程。

在学术性教学和教学学术水平,大学教学的学术性都得到了彰显,二者之间的关系更为紧密。实际上,学术性教学也是包含于教学学术水平的教学过程之中的,或者说学术性教学其实就是教学学术的一个阶段。在教学学术过程中,除却学术性教学,还有教学的学术化过程。其中,学术性教学是教育理论到教学实践的指导过程,教学的学术化是教学实践到教育理论的回归过程。正如克莱博和卡顿(Kreber and Cranton)所认为的:"教学学术不仅包括教师对教学的持续学习,而且包括对于教学知识的提升与论证。"[①] 教学学术正是由学术性教学和教学的学术化两个环节共同作用构成的。教学的学术化是以学术性教学实践为起点和来源的,而学术性教学又是以教学学术化后所形成的理论成果作为指导和参考的。因此,从性质上讲,前者是理论实践化的过程,而后者则是实践向理论提升的过程。学术性教学和教学学术化是两个彼此循

---

① Richlin, L. "The Ongoing Cycle of Scholarly Teaching and the Scholarship of Teaching." Closing plenary presentation at the 13th Annual Lilly Conference on College Teaching, Oxford, Ohio, Nov. 1993a.

环接替的过程。所以,教学学术是教育理论与教学实践之间的重要沟通者,在理论与实践之间起着重要的桥梁作用。

表4-2 大学教学的水平划分——学术性的角度

学术活动 教学水平	知识	研究		知识生成		交流	自主
		反思	研究	隐性知识	显性知识		
非学术性教学	教学实践知识	总结性	日常思考	教学经验	几乎没有	几乎没有	几乎没有
学术性教学	教育理论知识 教学实践知识	批判性	行动研究	教学实践创新	几乎没有	有限	有限
教学学术	教育理论知识 教学实践知识	批判性	行动研究	教学实践创新	教学总结报告、教学论文	经常性	完全

综上所述,教学学术不是独立存在的,而是作为大学教学系统整体的一个阶段、一个部分存在的。教学学术所内涵的学术特性在大学教学的其他水平也存在,只不过其彰显程度不同而已。因此,教学学术并非大学教学的全部,"并非所有的大学教师都一定被要求达到教学学术水平,也并非教师一直要保持这一水平。教师在其职业生涯的不同时期会有不同的学术质疑和问题指向。部分学者将会对教学学术予以关注,而其他的学者则不会"[1]。我们称教学学术水平的教师为教学学者。虽然并非所有的教师、也并非教师在其一生中都必须从事教学学术,但教学学术却应该是大学教师心目中所追寻的目标,大学教师应该以教学学术的标准要求自己。

---

[1] Hutchings, P. (Ed.) Approaches to the Scholarship of Teaching and Learning (Menlo Park, CA, Carnegie Publications). 2000.

至此，我们对教学学术已经有了更为深入的认识：教学学术具有很强的相对性。正如其词面所给人的印象，它既是一种教学，也是一种学术，是教学与学术双重身份的结合体。作为不同的身份，教学学术又有其各自的相对性。首先，教学学术作为学术，其相对性体现为两个方面：（1）教学学术作为一种学术，其相对性主要来源于其双重内容。受制于教育知识，教学学术成为整个学术生态中不同于其他学术的独特类型；受制于教师的学科知识，教学学术具有明显的学科色彩，致使在教学学术这一学术内部又因教师的不同学科归属而呈现出不同的特色类别。（2）教学学术作为一种学术，其所具有的相对性还源于学术自身。学术生长于大学，大学的定位不同，大学对于学术的理解不同，其学术使命也相应不同。而这也同时决定了教学学术在不同大学环境中的地位、位置不同，决定了教学学术在大学环境方面的相对性。其次，教学学术作为一种教学，其相对性主要体现为它是学术性彰显程度最高的一种教学水平。对于这种具有强相对性的教学学术的内涵，我们可以用下图将其予以阐释：

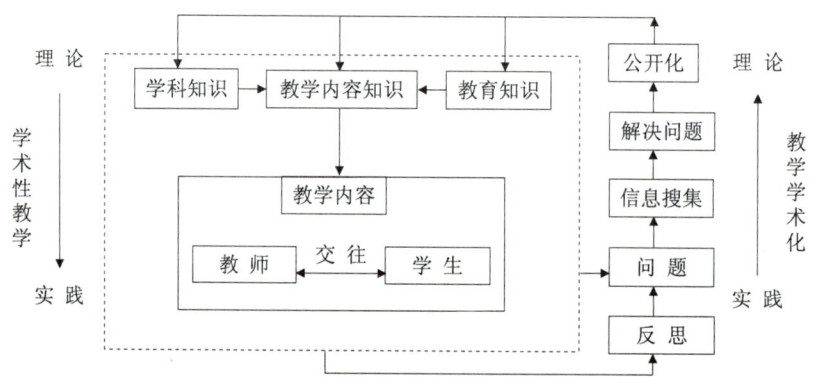

图4-3 教学学术的内涵

2. "教学学术"思想的意义

对教学学术思想的意义的认识具有非常重要的意义。(1) 对教学学术思想意义的清晰阐释对教学学术在我国高校中的有效落实具有非常重要的意义。在以基金会为首的各方主体的努力下,美国高校中的大部分管理者和教师都初步明确了教学学术思想对其学校、个体的可能意义:教学学术思想的现实意义主要体现于其功能层面。舒尔曼就教学学术的功能进行过详尽的阐释。他指出,教学学术的现实功能主要体现在以下三方面:专业性、实用性以及政策性。首先,教学学术是教师专业职责的一个重要方面;其次,教学学术是指向于实践的,具有很强的实用价值,教学学术思想有助于教学质量的改进与提升。事实也是如此。83%的教师认同或者强烈认同那些在学科范围内从事教学学术的教师对学校和专业的发展做出了很大的贡献,93%的教师相信了解学科教学学术对好的教学非常重要。[1] 最后,教学学术思想可以为重要决策的制定提供证据、参考。[2] 如果大学对他们的奖励系统进行修正以鼓励多种形式的学术,将会受益很多。诸如增加大学教师对多种形式学术活动的参与度,提高教师的工作满意度,增大大学的效能等。不得不说,实践一线各主体对教学学术思想可能意义的认同确实在很大程度上加速了教学学术在美国高等教育实践界的有效落实。因此,将教学学术引入我国,促进教学学术在我国高等教育实践界的有效落实,阐明教学学术对我国高等教育事业、对大学教师、对大学教学的诸种可能意义是非常必要的。(2) 对教学学术思想意义的清晰阐释可以更进一步澄清教学学术

---

[1] C. Albers. *personal communication*. February, 2006. 18.

[2] Shulman, L. S. *From Minsk to Pinsk: Why a scholarship of teaching and learning?* The Journal of the Scholarship of Teaching and Learning. 1. 2000. 48–52.

的合理性。在前一章,笔者论述了"教学学术"这一术语的合理性,由于主要集中于理论逻辑的论证,因此可以说这一章是对教学学术的合科学性(合规律性)的论证。但是,教学学术的合理性不仅仅在于其术语这一指称,更重要的在于这一术语所蕴含的思想对于高等教育发展的价值。对"教学学术"思想的意义的论述是对教学学术的合价值性的论证,与前文相呼应一齐完成对教学学术合理性的论证。

(1) 有助于增强大学的凝聚力

大学产生后的很长一段时间里,大学教师是忠诚于学校和学生的。教学是教师的主要工作。大学教师以大学为单位,对所在学校具有较强的归属感。然而,伴随知识尤其科学知识的不断发展,知识不断分化形成学科,并逐渐开始专业化。高等学校的院系组织也相应得以建立并巩固,开始成为现代大学的主要特征。与此相适应,大学教师原有的建基于学校和学生之上的忠诚和归属感开始逐渐向院系和学科专业转移。这种转变有助于加强大学教师对学科知识的关注度,集中精力于科学研究,有利于学科知识的深化发展。但同时也会造成一系列问题,最突出的便是大学凝聚力的下降。交流是学术的重要特征之一,同样也是凝聚力获得的重要途径和手段。但在传统学术观之下,尤其在近代,科学研究成为学术的全部。大学教师的交流对象仅局限于科学学科。由于科学的专业化以及本学科专业内知识的不断分化,各个学科专业之间的壁垒日渐加强,学科之间交流的可能性愈来愈低。正所谓"隔行如隔山"。不同院系大学教师之间的沟通越来越少,甚至不同学科、同一学科不同专业方向之下的大学教师之间也逐渐变得无话可说。院系之间沟通的匮乏又反过来进一步明晰了院系、专业之间的界限,加固了自身的壁垒。这样,原本以大学为中心的凝聚力开始下移为院系内部的凝聚力,具体为学科专业的凝聚力。大学内部开始出现不同院系的集群化现象,形成了各权利院系的分散组合。大学组织的这种分散性,不利于大学文化的建设,也不利于学科的交叉和融合,最终对科学知识的创造性发展不利。

而要想改变这种状况,关键一点便是找寻大学教师之间的共同语言。笔者认为这种共同语言是大学教学。因为教学是学术的基本形式,无论何种学科的教师,教学都是其基本职责。就目前我国高校的本科教育现状来看,大学教师依然生存于舒尔曼所说的"教学孤岛",教师之间缺乏教学交流的动力、欲望和行为。教学学术旨在让教学成为学术。依据学术的交流公开性特点,教学学术视野下的教学也必然是可交流的、公开的。教学学术为大学教师找到了教学这一共同语言。通过以教学为主题的沟通交流,可使大学教师超越自身所依附的学科、院系和专业界限进行深层的精神沟通,将自身对与学科专业和院系的忠诚逐步提升至对教学的忠诚、对整个学校的忠诚,将对学科专业的信仰逐步转化为对整个学校的信仰,从而最终达到提升整个学校的凝聚力的效果。

(2) 对大学教学实践与改革具有重要意义

1) 教学学术对大学教学实践具有重要的指导意义

① 理论对实践能发挥指导作用。

教学学术是否对大学教学的实践与改革发展具有重要意义?这个问题从根本上是对"教学学术能否有助于改进教学实践"这一老问题的变相延续。关于教育理论对于实践改进的有效性问题,学术界已有一段时间的争论。如有些学者认为,由于教育理论知识无法直接应用于实践,它与教师教学之间几乎没有任何的相关性。[①] 而有学者予以反驳,认为教育理论对教学实践之有效性发挥的关键在于教师对于如何运用普适性的理解。教育理论是要适应于并指导特定教学情境的,而不是特定教学问题的独有处方。然而,教育理论知识是否以及如何应用于教学情境,只有身处并对教学特别了解的人才能知道。因此,教师是关键。理论可以将你引至更为具体特问题,有助于教师将问题进一步明确化、具体化,影响教师解决问题的思路及对策略的选择。

---

① Carr, 1992; Cochran-Smith and Lytle, 1990; Munby and Russell, 1994; Schon, 1983.

② 教学学术理论对大学教学实践能发挥指导作用。

相对于其他教育学理论，教学学术是一种比较特殊的理论。对教学学术而言，教师既是理论的应用者，更是理论的生成者。教学学术深深根植于大学教学实践，是传统教育理论与教学实践之间的中介性理论。教学学术理论确实已对教学实践发挥了改善作用。这从其在美国高教界的实践效果就可以看出来。因此，教学学术对于我国的大学实践肯定也将是有益的。

2）教学学术对大学教学改革具有重要的指导意义

① 教学学术赋予教师以教学自主权，对教学改革具有重要的指导意义。

建国以来，我国的大学教学工作先后经历了多次调整与变革，在专业设置、课程体系以及教学评估等方面均取得了一定成效。但更为实质的质量问题却始终没有得到解决，顽固存在于大学教学的实践活动之中，并伴随高等教育规模的扩张日趋严重，正成为我国大学教学改革的重要瓶颈。分析其实质，教师在改革中缺位是根本。让·托马斯在受国际教育局委托撰写的《世界重大教育问题》一书中指出："教师的态度最终决定着教育革新的成败。""没有教师的协助及其积极参与，任何（教育）改革都不能成功。"[①] 当下我国的一系列改革包括教育教学改革都是自上至下的指令式变革，强调实践界对上级命令的遵从，而相对忽视一线教师的意愿和话语。教学学术倡导教师对于教学自主权的拥有，其中很重要的一个方面便是教育教学政策的决策权、教育教学改革计划的制定权。这都为教师参与教学改革提供了思想和理论支持。

② 教学学术倡导教学研究，可以为教育改革提供依据。

《中国教育改革与发展纲要》中明确提出："要积极开展教育决策咨询研究，密切教育科研同教育决策、教育实践的联系，发挥教育科研对教育改革与发展的促进作用"。教学学术倡导教学研究，这一思想迎

---

① 联合国教科文组织总部：《教育——财富蕴藏其中》，教育科学出版社2005年版，第10页。

合了政策需要,通过教学研究,可以为教育改革系列政策的制定提供理论依据。

③ 教学学术作为一种新的大学教学观,对我国大学教学的改革与发展具有较为直接和重大的意义。

教学学术对我国大学教学改革具有重要的观念启迪价值。我国的大学教学改革在当下正遭遇瓶颈。其原因除了教师在改革中缺位之外,更重要的原因还在于改革并未深入根本的教学观念层面。已有的改革都是在传统大学教学观支配下进行的。观念问题却是实践中所有问题的根本。观念不变,只变行为,不能彻底。因此,要突破现有大学教学改革的瓶颈,从根本上攻克大学教学实践中的问题,就要重新认识并致力于转变传统的大学教学观。教学学术作为一种新的大学教学观,为我国大学教学观念的转变提供了机遇和条件,将为我国的大学教学改革提供观念指引。

(3) 教学学术对大学教师的专业发展具有重要意义

当前,我国的大学教师发展存在不平衡现象。大学教师职业具有双专业性,一方面,其专业性来自其所任教学科的科研活动的专业性;另一方面,其专业性来自基于教育学知识的教学活动的专业性。因此,大学教师的发展应该是双专业的平衡发展。然而,当下我国大学教师的专业发展却仅局限于前者,后者因其专业化程度不高而在大学教师的专业发展中缺位,造成教师专业发展的失衡现象。大学教学的专业化程度不高体现于大学教学活动中反思探究的缺失。首先,大学教师缺少对教学进行反思探究的意识。"教学没什么好研究的"、"教学活动不需要系统的理论知识支持"、"学者即为良师"、"只要学问做好了,教学自然不在话下"等诸如此类的观念在大学教师思想中已根深蒂固。认为教学活动背后没有特别高深的理论知识作为支持,不需要研究。其次,大学教师缺少对教学进行反思探究的行为。当下我国大学教师参加教学研究的积极性普遍不高,仅有 10.5% 的教师"非常愿意"参加教学研究,46.2% 的教师"愿意"参加教学研究,还有 43.3% 的教师"不愿意"

或"非常不愿意"参加教学研究。① 由此看出我国大学教学的专业化程度不高，而这也直接影了大学教师专业的全面发展，导致了大学教师专业发展的失衡问题。

学术与专业密不可分。这在当今的科学知识型下尤其如此。首先，学术是专业的基础。专业的一个重要特质便是拥有系统专门的知识基础。而这种专门知识的一个重要来源便是学术（动词）。从另一种意义上来说，作为专业基础的系统专门的知识基础本身便是学术（名词）。其次，学术本身就是一种专业。学术不仅拥有系统专门的知识作为支撑，同时也要求学者作出经常性的反思和探究。学术符合专业的标准，是一种专业。然而，由于学术这一职业所从事的是生成知识（包括专业知识）的活动，学术又因此位于众多专业的顶端，对整个专业领域起到引领作用。最后，在当今的科学知识型下，学术体现为科学学术、专业学术，学术通常以专业的形态呈现，或者说，学术与专业就是等同的。倡导大学教学成为学术的过程，其实质也是倡导大学教学成为专业的过程，是对教师教学专业发展的强调。教师在追求教学学术的过程中，必然会提升自己的教学专业发展水平。这对保持大学教师在任教学科与教育教学两种专业之间的平衡性起到一定的促进作用。从另一个意义上来说，倡导大学教学成为学术比倡导大学教学成为专业能够更快、更有效地促进教师教学的专业化。这是由学术在大学、大学教师心目中的地位决定的。大学是以学术为中心的场所，大学教师是以学术为志业的群体，大学、大学教师对于学术的信仰高于一切（包括专业）。在大学这种高度重视学术的氛围中，教学学术比教学专业化更容易调动教师教学的积极性，比教学专业化更能有效促进教学质量的提升。

---

① 姚利民，郑银华：《高校教师教学研究现状与原因分析》，《高等理科教育》2007年第4期。

（4）教学学术对高等教育系统的健康发展具有重要意义

长期以来，由于学术局限于科学研究，研究型大学成为了大学中的楷模和表率，研究也成为了大学各项工作中最重要的一项职能。这不仅造成了大学教学职能的片面化、大学教师的片面发展，而且也造成了高等教育系统的单一化发展，影响了高等教育系统多样化的维持和生命力的延续。教学学术作为一种新的学术类型，阐释了一种新的大学学术观，打破了科学研究对于学术的垄断局面。这样，作为以学术为生命的大学，其追求也变得更加丰富多样。研究不再是大学工作的唯一信仰，研究型大学也不再是大学的楷模和表率。这有助于打破长期以来由于学术的窄化理解造成的高等教育系统的趋同现象，有助于高等教育系统的多样性和生命力的保持。

（5）教学学术为教学与科研的融合提供了观念启示

"科研与教学相结合是大学重要的而不可或缺的基本原则。"[①]（雅斯贝尔斯）然而，自从教学与科研产生以来，它们之间的斗争从未停止过。而"如何调和教学与科研之间的矛盾"也因此变成了一个千古难题。教学学术作为一种新观念，既颠覆了传统的大学学术观，也颠覆了传统的大学教学观，是大学思想史上的一次革命，是对教学与科研之间矛盾的一种新的融合方式。这种融合是从更为根本的观念层面着手的，因此也会更为有力，更为有效。正如博耶自己所说："我们相信，古老的对'教学与研究关系'的讨论已经过时，给予我们所熟悉的和崇高的术语'学术'一个更加广泛、更有内涵的解释的时候就已到来，它将能够给大学教师的全部工作以合理性解释。"[②]

此外，教学学术还有诸如可以帮助教师明确自身的角色定位，为教

[①] 王英杰等：《国际视野中的大学创新教育》，山西教育出版社2005年版。
[②] 王玉衡：《卡内基教学促进基金会：美国大学教学学术运动的推动者》，《大学·研究与评价》2008年第5期。

师提供教学资源等重要的意义和价值。

3. 教学学术的实现条件

　　大学教师是教学学术观念的主要承载者，也是教学学术观念的重要贯彻者和实施者。一线的大学教师对于教学学术的贯彻落实是决定性因素，是决定教学学术思想能否有效落实的根本。教学学术的最终实现与否关键取决于教师个体的素质和能力。为保证教学学术的有效贯彻落实，大学教师应具备相应的素质和能力。"具有良好教学学术的大学教师是见多识广并在智力上不断深化的教师，他既是教师又是学生"①，他们应"富有教育知识、充满问题意识、展现教学机智、进行有效交往并产生重要影响"②，能在大学教学的各种学术构成中均有良好的表现。但教师的素质和能力却不是与生俱来的，在很大程度上取决于后天环境的培养和熏陶，取决于环境中各方面的有效配合。因此，笔者认为环境条件是教学学术得以有效落实的关键条件。从另一个方面来说，任何一种观念的落实都需要一定的条件保障，对于教学学术这种与传统观念完全不同的新观念来说，适切而完备的条件保障就显得更为必要。

　　教学学术的环境保障体现在两个方面：一方面是指软的文化氛围，如价值观念、行为规范、风俗习惯以及意识形态等等；另一方面则是指硬的政策法规、规则条例等。"根据新制度主义的观点，'制度'不仅仅是行为规则，它包括了从历史传统、价值观念、法律法规到行为规则的连续体。在这个连续体中，历史传统和价值观念是制度构成的基础，而法律法规和行为规则是制度的外在表现。这也可以说，历史传统和价

---

① 魏宏聚：《厄内斯特·博耶"教学学术"思想的内涵与启示》，《全球教育展望》2009年第9期。
② 姚利民，綦珊珊：《教学学术型大学教师特征论》，《湖南大学学报（社会科学版）》2007年第5期。

值观念是内在制度，而法律法规和行为规则是外在制度，两者互为表里。"① 基于此，软的文化氛围属于内在制度的范畴，而硬的法制规章、政策保障等则属于外在制度的范畴。二者均属于制度范畴。因此，教学学术的环境条件主要指教学学术的制度保障条件。

(1) 教学学术的内在制度保障——观念保障

关于教学学术的内在制度保障主要是指与教学学术思想相适应的观念环境，主要体现在学术观念以及内含其中的大学教学观念。依据观念的承载体，内在制度保障可体现于不同的层面：既有宏观的社会文化传统等学校外部层面的观念，也有微观的学校内部层面的观念。其中，学校内部的观念要受制于社会的文化传统。但学校内部的观念对教学学术能否有效落实的影响却更为直接。具体来说，学校内部的观念又体现于多个层面：学校整体层面、学校权力层层面、教师群体层面和教师个体层面。与教学学术有关的观念很多，其中有大学学术观、大学教师观以及大学教学观等等。学术观是其中具有重大作用并能对其他观念产生决定性影响的观念。笔者在此所谈论的观念保障主要是指学术观的保障。

1) 学校整体层面的学术观

学校整体层面的学术观主要体现在学校使命的陈述中，学校的使命陈述是学术观的较为正式的存在方式。所谓使命是"企图抓住组织的本质，并表现出组织特色的一个完整概念"②。大学的使命则是人们对大学组织必须承担的社会责任的一种认可，也是人们对大学组织应有价值的一种判断和要求，具体体现为大学组织的宗旨、目的和理想。③ 它阐明了高校存在的目的、功能等根本属性的问题。而其价值却不止于

---

① 顾建民著：《自由与责任 西方大学终身教职制度研究》，浙江教育出版社2007年版，第19页。

② Michael Allen. The Goals of Universities. Milton Keynes, UK：SRHE&Open University Press. 1988. 7. 转引自：孔令帅，马健生. 高校使命陈述是有用的吗——来自美国学者的研究 [J]. 比较教育研究，2007 (6)：80-85.

③ 眭依凡：《大学使命：大学的定位理念及实践意义》，《教育发展研究》2000年第9期。

此，大学使命的另一个重要价值还在于它是学校整体学术观的集中体现。从某种意义上说，大学的使命是大学学术观的外在化、法制化。反过来，大学的使命陈述通过对学术工作的范畴制订规制，从而对教师的学术工作方向起重要的导引作用。因此，大学的使命陈述便成为了教学学术得以有效落实的一个重要的观念保障。

2) 学校权力层层面的学术观

学校的权力层体现于行政权力和学术权力两个方面，有正式的权力，也有非正式的权威。它们在学术资源的分配以及学术界的发展风向上有着很大的影响力。正式的权力主要集中于大学的校长、管理人员等，非正式的权威主要集中于有学术地位的教师、在校外有很好声望的教师等。这些人员掌握着学校中各种显性及隐性的资源。其中，显性的资源主要体现在学术评价制度的制定、学术课题、经费分配以及各种学术奖励政策的制定等方面，隐性的资源便是他们所持的观念，尤其是学术观念。二者之中，隐性观念起决定作用，即学术观决定其决策、经费分配的导向。显性的决策、经费的分配又进一步以载体的角色实现了隐性观念的向下执行和影响，实现了领导层观念意志对下层的左右。可以说，学校中权力层的传统观念一方面决定了显性资源对于教学学术的作用，另一方面也极大地通过权力作用于相对弱势的大学教师，对大学教师群体、个体的观念均具有重要影响。而且，相对于教师自身所秉持的观念，这种由上层权力界所施加的观念影响更为强劲、也更为直接。

此外，学校内部的学术观还体现在教师层面，即教师所秉持的学术观。既体现为教师个体也体现为由教师个体群集而成的教师群体的学术观。个体的学术观是群体学术观的重要来源，然而一旦形成了群体的一种学术观之后，它便会反过来制约教师个体的观念，即所谓的"从众效应"。正如上文所说，教师群体的观念仍然受制于学校的权力层，而学校整体的使命陈述又主要由权力层制定，因此，学校权力层的观念制约是教学学术内在制度保障的关键。

以上三种层次的学术观承载者对于教学学术落实程度的决定作用如下所示：

社会的文化传统的内在制度保障→高校内部的内在制度保障

学校整体的使命定位←学校权力层→教师群体→教师个体

(2) 教学学术的外在制度保障——建制保障

作为一种学术活动，它需要一定学术建制的支持。何谓学术建制？学术建制是因学术活动的不断开展以及学术内容的持续深化和丰富而逐渐形成的，是学术的建制化结果。通过建制化过程，最终形成与特定学术内容相适应的一系列社会组织、规范和制度，这些即学术建制的基本成分。学术建制不仅为学术活动的开展提供了一系列的资源、权力、共同体支持，而且也通过制定相应的规范规章对学术活动进行规制。更重要的是，学术建制为学术本身提供了一种合法性的支持和依据。虽然学术的概念具有相对性，而且不同学术观下学术建制的具体形式也会有所不同，然而各种学术建制的本质功能却是相似的。也就是说，学术建制存在超时空特性，具有一种共同的标准和理想的范型。一种完善的学术建制应当能够有力地促进学术场域目标的实现，亦即知识的生产和再生产。这一学术建制需要生产和再生产知识创造者本身，拥有充裕的或可获得的学术资源，资源配置和成果承认遵循普遍主义规范，以及学术信息的易得性和及时性。这些功能的正常履行，要求学术场域有相应的结构保证，它体现在多元的无形学院的存在。如：通过期刊、学术会议等联系起来的学术共同体的存在，完善的学术社会化机制和控制机制，研究范式的成熟，学术把关者和代言人的德高望重，学术场域的自组织能力以及整合与分化间的适度张力等等。[①] 任何一种学术活动都生存于特定的学术建制之中，都要以一系列的学术建制作为保障。概括起来，一定的学术建制形式体现为有形建制和无形建制两个方面。

---

① 甘会斌：《大众学术：中国学术建制化的困境》，《南京师大学报（社会科学版）》2007年第6期。

当下，我们正值科学知识型当道的时代，学术具有强科学性和专业性，是一种学科或者说专业学术。与此相对应的学术建制也不免更加专业化，具有强学科边界性，将学术活动限制在专业、学科的范围中。具体来说，科学知识型下的专业化的学术建制体现在以下方面：① 有形的学术建制。专门的人才生成制度、各种正式的科学研究机构、各种专业社团和学会、围绕学科专业的期刊群、专业的学术会议、专门的资源支持制度、学术评价制度等等。②无形的学术共同体。如无形学院——专业专家或权威等方面。学术建制通过一系列的政策规章以及团体为教学学术的有效落实提供实体性保障。

依据与教学学术的距离远近，教学学术建制保障既有学术建制环境的保障，也有大学教学自身的学术建制保障。

与内在制度相比，外在制度对教学学术的支持更为直接、也更为实在。首先，它通过一系列的外在化、强制性要求实现对教师行为的外塑，对教师进行教学学术行为的引导。其次，它为教师的教学学术行为提供一系列人力、物力和财力等资源支持。最后也是更为重要的作用在于，它是教师行为与学校使命之间沟通的中介，可以促使教师以适应于学校使命的方式行为，最终达成学校的使命。

（3）内外在制度交互作用——教学学术的合力保障

内在制度与外在制度并非孤立存在，而是相互生成、相互支持的两种制度形态。其中，内在制度是外在制度得以生成的土壤，而外在制度则是外在化、实体化了的内在制度。外在制度一旦生成，它便会通过规则、政策等实体的力量对既有内在制度予以巩固和加强，甚至还会进一步生成与既有内在制度相一致的其他内在因素。内在制度的丰厚又进一步牢固了外在制度的生存根基。两种制度形态中，内在制度是深入人心的精神规范，相较外在制度更为根深蒂固，影响也更为深远，与外在制度相比，它更加难以改变。但是，长时间的观念渗透也有可能最终影响既有外在制度的观念根基。因此，在两种保障制度中，内在制度更为根本。内外在两种制度形式在具体的运作过程中相互作用并形成合力，进一步对既有的观念或者规则起到加固加强的作用,从而成为教学学术制度保障的第三种力量。两者通过这种相互作用、相互转化和生成,实现其对自身及对方的不断加固。这种相互作用,不仅体现在内外在制度对应的层次上,而且还体现于不同层次之间。因此可以说,三种力量同时构成了教学学术的制度保障。

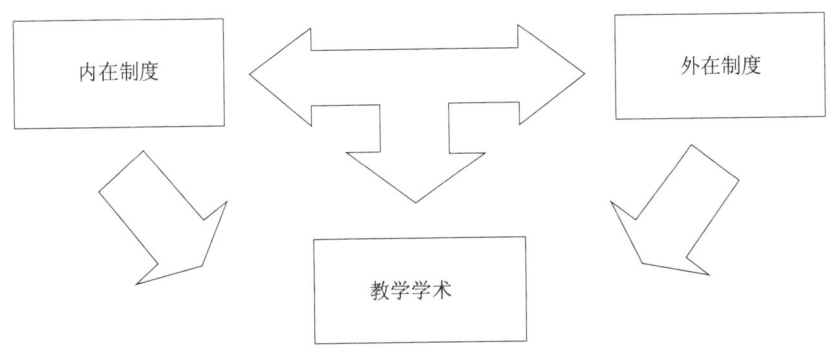

图 4-4　教学学术的实现条件

五　教学学术理论的现实观照

　　通过前文的论证，我们已对教学学术有了基本的认识。本章意在将其加以初步运用，对我国的大学教学现实予以观照。笔者认为这种应用有其必要性。（1）就实践层面而论。首先，虽然教学学术只是一种教学水平，并非所有的教师，也并非教师的一生都要从事，但从事教学学术的教师却是需要相当比例的。其次，对于教师个体来说，教学学术作为一种较高的教学水平，虽然不一定要达到，但一定要作为其现实的目标追求。而只有将教学学术作为对教师教学的一般性要求，才有可能做到全员教学水平的提高。最后，当下我国大学对于科研过分强调、教学处于弱势以及教学质量低下等种种问题都迫切需要对教学学术予以"过分"的重视。（2）就理论层面而论。从本质上讲，教学学术是指向于实践的观念，其最终旨趣在于改善大学教学现状，最终落脚点在教学实践。可以说，教学学术理论的价值更在于运用。为了更好地促进教学学术思想在我国大学实践中运用，我们有必要对其作一种先行应用。通过应用教学学术理论对我国大学教学水平的现状作出检视，我们可以对当前我国大学教学水平现状予以判断：大学教学是不是达到了教学学术的水平？如果不是，那是什么水平？现状距离教学学术有多远？是什么原因导致了大学教学的学术性程度不高？障碍体现在哪些方面？障碍产生的原因是什么？这些障碍又是如何阻碍大学教学学术性彰显的？总之，笔者在本章拟通过对教学学术理论的初步运用，为其后续的实践落实提供现实和理论依据。

1. 我国大学教学水平的现状：教学的学术性程度不高

依据学术在理论层面的判断标准，大学教学具有学术性，是一种学术。然而，大学教学在实践层面是否是学术？大学教学是否以学术的样态存在？考虑到学术在实践层面标准的相对性，我们需要结合当下的知识型及其所决定的特定学术观予以判断。在当下的科学知识型下，学术主要以科学知识、学科知识为其内容，是一种科学学术观或者学科学术观。教育学知识、教学实践知识作为教学活动的主要内容，其科学性程度、学科成熟程度均不高。这势必会影响教学自身的学术性在人们视线当中的显露程度。人们会认为大学教学不是学术或者学术性程度不高，这必然导致大学教学在实践层面缺少相应的实体性制度保障。一句话，在当下的实践中，大学教学的学术性程度必然会是不高的，大学教学实践也必然是缺少相应学术性制度支持的。

笔者依据学术在实践层面的标准对我国的大学教学现状进行了问卷调查，调查结果也证实如此。

此次调查共发放问卷624份，回收529份，其中，有效问卷406份。问卷的具体发放及回收情况见表5-1：

表5-1 问卷发放及回收情况分布列表

	实发	回收	回收率（%）	有效	有效率（%）
研究型大学	54	45	81.48	40	88.89
研究教学型大学	170	150	88.24	105	70.00

	实发	回收	回收率（%）	有效	有效率（%）
教学研究型大学	130	112	86.15	74	66.07
教学型大学	270	223	82.59	187	83.86
总计	624	529	84.78	406	76.75

通过对问卷变量进行编码计算①得知，当下我国的大学教学在实践层面尚未达到教学学术水平。

（1）教师知识结构失衡，教育专业知识水平不高，知行脱节

1）教师的教学知识结构失衡，教育理论知识水平普遍偏低

当下，我国大学教师的教学知识结构出现偏斜，知识成分的学科指向明显，无明显群体差异。如表5-2所示，我国大学教师对于学科专业知识的熟悉程度为2.63（偏向于很熟悉），而对于教育理论知识的熟悉程度为1.99（偏向于基本熟悉）。教师对于教育理论知识的掌握水平多停留在一般性的了解上，对教育理论知识表示很熟悉的教师只占一小部分，而对教育理论知识不熟悉的教师却占相当的比例。这种偏斜体现在两个方面。首先，学科基本理论知识的掌握程度高于教育基本理论知识的掌握程度。由于大学教师均已取得相应学科的博士、硕士学位，因此，我们假设他们对学科专业知识的掌握程度为3（很熟悉）。教师对于教育基本理论知识的平均掌握程度为2.03（基本熟悉），低于对学科专业知识的掌握程度。其次，大学教师对学科前沿思想的关注度（2.27）高于对教育前沿思想的关注度（1.81）。

---

① 对于知识的掌握程度分为"不熟悉"、"基本熟悉"和"很熟悉"三等级，在spss统计时分别赋值为1、2、3；对于教师的研究与交流等行为表现程度则分为"从不"、"不经常"和"经常"三个频度水平，并在spss统计时分别赋值为1、2、3。基于问卷设计的结构（将各维度拆分成了众多子问题加以考虑），对于各维度水平的计算，笔者拟采用赋分加权的算法。又因为各维度中的诸子问题之间为互相平行的关系，因此，它们的权重并无差别。

2) 知行脱节，教育理论与教学实践两张皮现象严重

我国大学教师在教学方面普遍存在知行脱节的问题，教育理论对教学实践的指导和参与度不高，无明显群体差异。教师的教学缺乏专门理论知识支撑。教师不仅对教学的专门知识不是很熟悉，而且也很少将已掌握的教育理论知识同自身的实践相结合。仅有23.7%教师的教学主要依靠相关的教育理论作指导，更多教师的教学多主要依靠自己摸索（67.2%）。教学缺乏专门理论知识的参与，多停留在经验水平。此外，这种理论与实践的脱节还体现在教师对知识的整合水平不高。教师群体对于学科内容进行教育心理学转化的行为频度普遍偏低。如表5-3所示，我国大学教师对学科知识与教育知识的整合水平仅为2.29。53.4%的教师不经常进行教育心理学转化，8.6%的教师从不对学科专业知识进行教育心理学转化。

表5-2 教师知识掌握情况的水平分布

		总数（N）	最小值（Minimum）	最大值（Maximum）	平均数（Mean）	标准差（Std. Deviation）
教师知识	学科理论知识	406	2	3	2.63	.251
	教育理论知识	406	1	3	1.99	.408
基本理论知识	学科基本理论	406	3	3	3.00	.000
	教育基本理论	406	1	3	2.03	.470
前沿思想理论	所属专业的前沿成果	406	1	3	2.27	.501
	前沿的教育思想理论	406	1	3	1.81	.600

表5-3 教师知识整合情况的水平与频数分布

	总数（N）	最小值（Minimum）	最大值（Maximum）	平均值（Mean）	标准差（Std. Deviation）
教师知识整合情况的水平	406	1	3	2.29	.617
教师知识整合情况的频数	从不		不经常		经常
	8.6		53.4		37.9

(2) 无意识研究居主导，教学知识生成率普遍偏低

1) 反思成为教学习惯，研究行为频度较高

如表 5-4 所示，反思在我国大学教师的教学行为中水平较高，趋于习惯化。反思体现在从备课过程、教学内容的适用程度、教学方法的适用程度到教学效果的自我评估等几个方面。仅次于教学反思，我国大学教师从事教学研究的水平也比较高。如表 5-5 所示，大学教师从事教学研究的水平平均为 2.59。就其行为频度而言，大约有 61.3% 的教师经常从事教学研究，仅有 2.0% 的教师从不，36.7% 的教师不经常从事教学研究。

表 5-4 教育反思水平与频数分布

		总数（N）	最小值（Minimum）	最大值（Maximum）	平均数（Mean）	标准差（Std. Deviation）
教学反思水平	备课过程	406	1	3	2.76	.458
	教学内容	406	1	3	2.78	.456
	教学方法	406	1	3	2.81	.430
	教学效果	406	1	3	2.81	.432
		从不		不经常		经常
教学反思频数	备课过程	1.2		21.9		76.8
	教学内容	1.7		18.7		79.6
	教学方法	1.5		16.3		82.3
	教学效果	1.5		16.5		82.0

表 5-5 教学研究水平与频数分布

	总数（N）	最小值（Minimum）	最大值（Maximum）	平均数（Mean）	标准差（Std. Deviation）
教学研究水平	406	1	3	2.59	.530
	从不		不经常		经常
教学研究频数	2.0		36.7		61.3

2）现象背后的真实：经验性反思、无意识研究居主导

从表面看来，我国大学教师在教学反思和教学研究方面的积极性还是比较高的。但若对其深究，我们却发现此反思、研究非彼反思、研究，只是一种经验性反思、无意识研究。

① 经验性反思而非批判性反思。

当下我国大学教师所做的反思多为经验性或总结性反思，体现为对其自身教学成功和失败经验的总结。事实也是如此，约有74.4%的教师经常对自己的教学进行总结。另外，根据教师对教育理论知识的掌握程度普遍不高这一现象，我们也足以得出这一判断。因受理论知识的水平制约，教师很少用教育理论来观照教学实践。由于理论的参与度不高导致其反思的批判性不够。只有以批判性的眼光对教学进行审视，才有可能发现有价值的问题，经验性总结虽然也能够发现问题，但缺乏一定的高度。

② 无意识的随机性研究居主导。

第一，思考即研究。

据笔者了解，教师对教学中的问题多进行思考，而他们认为这就是研究。大部分教师缺少对问题的更加深入系统的探究，诸如很少查阅相关文献，很少采取系统的方法（诸如访谈、调查等）等。

第二，知识的显性化程度不高。

教学学术中的教学研究更强调个体隐性知识的显性化，以减少个体知识的消逝率，实现对已有教育理论库的创新贡献。事实上，我国大学教师在教学实践中的知识生成多偏向隐性知识，显性知识的生成率较低。如表5-6所示，教师进行教学经验总结的行为水平为2.71（趋向于经常），而撰写教学总结报告的行为水平仅为2.16（趋向于不经常）。就其行为频度而言，仅有29.8%的教师经常会撰写教学总结报告，13.8%的教师从不，56.4%的教师不经常撰写教学总结报告。

表5-6 知识生成水平与频数分布

		总数（N）	最小值(Minimum)	最大值(Maximum)	平均数(Mean)	标准差(Std. Deviation)
知识生成水平分布	对教学经验进行总结	406	1	3	2.71	.514
	撰写教学总结报告	406	1	3	2.16	.641
知识生成频数分布			从不	不经常		经常
	对教学经验进行总结		3.0	22.7		74.4
	撰写教学总结报告		13.8	56.4		29.8

教学学术理论的现实观照

③ 系统研究中，命题式研究多，自主自发研究少。

总体研究比例缺失的情况下，也会有少部分教师进行真正的教学研究。但他们多是为了争取教学经费而申请教学立项，接受由上级指派的课题进行研究。这种研究的主题并非源自自身的教学实践，属命题式研究，与自主自发的研究相比其价值不免会打些折扣。

(3) 教师教学趋于保守，教学交流频度普遍不高

教学是教师的公共财富。同其他任何学术类型一样，教学也需要交流。只有在交流中，教师的教学才能得到成长，公共的教学财富才能得到累积，教学学术才能得到发展。然而，从表 5-7 来看，当下我国大学教师的教学多封闭、保守，教师之间教学交流的行为频度普遍偏低。

调查显示，我国大学教师在教学交流方面的行为水平偏低，为 2.12，行为频度为不经常或偶尔。

1) 教师个体的教学趋于保守封闭

互相听课评课是教师之间教学交流的主要形式，而当下我国大学教师之间互相听评课的行为频度比较低。仅有 30.4% 的教师经常旁听同事的教学，仅有 21.4% 的教师主动对同事的教学提出改进建议。其中，邀请同事旁听自己教学的水平（1.90）要明显低于主动旁听同事教学的水平（2.23）。这反映出我国大学教师教学封闭性。

2) 教师教学成果的公开化程度不高

大学教师对教学研究成果公开发表的比率偏低，只有 28.8% 的教师经常将其教学研究成果公开发表，另有 11.3% 的教师从不，59.9% 的教师不经常或偶尔将自己的教学研究成果公开发表。这也是为什么现有大学教学研究主体出现结构失衡的原因。① 另外，教师对于教学总结报告的公开化程度也很低，仅有 20.3% 的教师经常将自己的教学总结

---

① 由已发表的论文的分析发现，目前我国大学教学研究的主体为高等教育领域的专家、学者和硕士、博士研究生等专业的理论工作者，而真正处于大学教学一线的教师则相对少见。一方面，大学教师对于教学研究显性成果的生成率较低；另一方面则说明了大学教师将教学研究成果公开发表的欲望和比率都是不高的。

报告公开展示，另有28.7%的教师从不，51.0%的教师不经常或偶尔将自己的教学总结报告公开展示。我国大学教师的教学基本生存于孤岛，个体化严重，较为封闭。

表5-7 教学交流水平与频数分布

		总数（N）	最小值(Minimum)	最大值(Maximum)	平均数(Mean)	标准差(Std. Deviation)
教学交流水平	主动旁听同事教学	406	1	3	2.23	.568
	邀请同事旁听教学	406	1	3	1.90	.676
	主动对同事的教学提出改进建议	406	1	3	2.05	.612
	邀请同事对教学提出改进建议	406	1	3	2.24	.605
	参加教学讨论会	406	1	3	2.35	.572
	公开发表教学研究成果	406	1	3	2.17	.610
	公开展示教学总结报告	406	1	3	1.92	.696
		从不		不经常		经常
教学交流频数	主动旁听同事教学	7.2		62.4		30.4
	邀请同事旁听教学	28.1		53.4		18.5
	主动对同事的教学提出改进建议	16.3		62.3		21.4
	邀请同事对教学提出改进建议	9.1		57.6		33.3
	参加教学讨论会	4.9		55.1		40.0
	公开发表教学研究成果	11.3		59.9		28.8
	公开展示教学总结报告	28.7		51.0		20.3

（4）大学教师的教学自主权普遍缺失

我国大学中没有教师可以参与管理的专门机构（教代会和工会并非教师的专门组织）。且随着大学规模的不断扩大和组织机构的复杂化，教师在大学管理中的地位和作用正逐步被淡化。关于教师的教学自主权，基础教育理论界已有一段时间的讨论。与之相比，高等教育理论界更关注宏观层面的高校对于办学自主权的获得，而对微观层面的教师对于教学自主权的获得却缺乏一定关注。实际上,在高校已获得了有限自主权后,高校教师却丝毫没有感受到教学的自主和自由。当下我国大学教师在教学方面的自主权处于被剥夺状态,教师普遍缺失教学自主权。

1) 大学教师在学科专业设置中的自主权缺失

学科专业是高校人才培养的基础性环节,学科专业设置自主权是教学自主权的核心。长期以来,我国大学的学科专业设置由中央政府和教育行政部门主管,通过制定统一的学科专业目录对全国各类高校的专业设置进行规范管理。任何院校都不能超出专业目录的范围自行调整和设置专业。虽然改革开放以来,随着高校办学自主权的逐渐获得,高校在专业设置方面也获得了一定的自主权,但仍局限在6所高校的局部试点阶段,而且专业的设置与申报仍然需要经过严格的审批过程。可见,我国高校在专业设置的自主权方面仍然很有限。相对于高校在专业设置上的有限权利,大学教师在这方面的权利更加有限。在高校中,学科专业的设置主要由学校的专门主管部门负责,由相关的领导和专家组织讨论决定,一线的普通教师很少有机会参与。

2) 大学教师在课程编制和设置中的自主权缺失

高等学校的课程编制活动体现为四个层次:①教师对自己所教的课程或单门课程进行的编制;②以学科专业为单位的课程编制活动,如对教学计划的编制;③以大学中的学院为单位进行的课程编制活动;④以学校为单位进行的课程编制活动。[①] 目前,我国大学一线教师在课程编制中的权力仅仅局限于自己所任教的单门课程层次,在其他层次的课程编制中,我国大部分普通教师的自主权是相对缺失的。在编制过程中,各科学者的言语起绝对主导作用,体现出极大的权力导向性。课程体系结构在一定程度上是学院教师利益的折射,是不同教师课程权力的体

---

① Joan S. Stark and Lisa R. Lattuca: Shaping the College Curriculum: Academic Plans in Action, Allyn & Bacon, 1977.

现。其中，最有权威的教师的利益得到了最大体现①，而一般教师在课程编制中的话语权得不到重视，自主权相对缺失。如大学教师缺少教学计划的制定权。高校教学计划的制定者分为两个层次。在学校层次，教学计划的制定主体是教务处，由教务处负责制定教学计划的诸种原则性意见。在院系层次，教学计划的制定主体是少部分管理人员，如教务员、专业系主任、教研室主任等，由这少部分管理人员根据学校教务处的原则制定院系的教学计划。无论哪一层次，一线的普通教师都很少有机会参与，其制定教学计划的自主权被剥夺。②另外，负责编制培养方案的也是各系的学术委员会或者类似组织。在这些组织中，学术委员会主任、系主任或某一领域的学术权威对课程编制活动进行直接领导，很少有普通教师参与。

3) 大学教师的课堂教学自主权面临缺失

为方便对教学进行有效管理，很多学校都制定了相应的课堂教学基本规范。规范的制定有利于对教师的教学行为进行匡正，有助于保证教学秩序的正常运行。因此，规范的制定是必要的，但规范的约束应注意度的把持。有些规定已干涉到了教师课堂教学的自主权。最典型的一个事件便是某校在学校教职工工作纪律中对"40岁以下的青年教师不得坐着讲课"的规定。这一规定引起了广大青年教师的不满，并引起了广泛的争论。笔者认为，这场争论在实质上是教师对自己课堂教学自主权的捍卫和争取。此外，许多学校教务部门还对本科教学的授课方式、教学手段等做了规定，限制了教师的教学自由。学校教师碍于教学基本规范的限制，很少主动改革课堂教学方式，不利于教师教学的自主创新。

4) 大学教师在教学评价中的自主权缺失

教学评价体现为两个方面：一是对教师教学的评价；另一则是对学

---

① 赵蒙成：《高校课程体系的文化学解读 一个案例分析》，《现代大学教育》2003年第6期。

② 郑丽君，王明德：《中美高校教学计划管理的比较研究》，《高等理科教育》2007年第1期。

生学习的评价。在前一种评价中,又分为三个层次:国家教育行政部门、社会各界对高校教学工作的评价,高校内部的教学管理职能部门以及教学顾问组对大学教师教学的评价,学生评教。无论哪个层次的教学评价,均缺少教师作为评价主体的参与。就教师对学生的评价而言,教师似乎应该享有完全的权利,对此国家法律也给予了明确规定。《中华人民共和国教师法》第7条第三款明确规定:教师享有"评定学生学业成绩"的权利。但就这一似乎更为名正言顺的权利在我国的大学教学实践中也正被各种力量逐步侵蚀。首先,学生评教的负面导向。一些大学中,教师不给学生高分数,部分学生就会借助评教机会对教师进行报复,或在"评师网"上对任课教师进行控诉。其次,教育行政领导的过分干预。北京某高校的一位教师在将补考成绩交至系办后,某教研室主任借故将试卷借出并将不及格更改为及格。与行政领导相比,教师个体的话语是无力的。教师这一名正言顺的评价学生的权利也逐渐面临丢失的危险。国内在有些高校中,教师阅卷所得分数很有可能被领导因故被命令修改,让不及格的学生得以及格以便顺利完成学业。[1]

另外,我国大学教师也相应缺少对教育教学政策尤其教学改革政策制定的自主权。更为严重的是,在外部政策的压制之下,广大教师已经对此习以为常,自身最为宝贵的"自主意识"也几乎荡然无存,取而代之的更多是服从、顺从。大学教师在教学中被压制的自主欲望无法得以宣释,只好另寻能够彰显其自主性、体现其自主权的科学研究这一学术形式进行宣泄。因而笔者认为教师教学自主的缺失及其对自主性和自主意识的出路寻求是重科研轻教学这种病态现象的深层次心理成因。

至此,我们可以作出如下判断:当下,我国大学教师对教学学术的态度呈三个阵营:①对教学学术在观念上予以认可,在实践中也基本做到了。②对教学学术在观念上予以认可,但在实践中并未做到,观念与实践呈两张皮。如认为应该将教学成果公开发表的教师比例达到了83.9%,而真正能够做到将教学研究成果经常公开发表的教师比例仅有

---

[1] http://www.ruiwen.com/news/3339.htm.

28.8%。③对教学学术在观念上不予认可，在实践中也不去做。我国大部分大学教师的教学由于缺少较为完备的教育知识而处于非学术性教学水平，少部分教师处于学术性教学水平，处于教学学术水平的教师更是寥寥无几。

同为教学活动，中小学教学的学术性程度已经很高了。对于中小学教学，理论界早已有广泛的研究，并产出了不少研究成果，出现了关于教学的系统理论：一般教学论、学科教学论。在各种理论中，呼吁教师成为行动研究者的文献也已相当丰富。长期以来，广大中小学教师也对之付诸了积极实践。到目前为止，中小学教师早已成为教学中的行动研究者，反思成为其教学生活的习惯性行为。他们通过行动研究致力于教学问题的解决。一方面，通过解决问题生成新的教学策略和教学方法；另一方面，将思考和研究的过程及结果显性化、公开化，撰写成教学总结报告或专业的学术论文并公开发表。广大中小学教师不仅仅专注于自己的教学活动，而且还积极与同事交流教学经验，定期参加学校、地区乃至全国的教学讨论会。在理论界的帮助下，中小学教师群体也在积极争取自己的教学自主权。可以说，中小学教学的学术性程度已经比较高了。

同为大学的使命，同为大学教师的职责，科学研究早已成为学术的全部内涵，学术性程度也已很高。而大学教学却始终徘徊于学术的边缘，学术性得不到彰显。另外，大学教学本身的学术性程度不高这一现象不是只在我国出现，在世界其他国家各类型的大学中也普遍存在。

然而，通过调查发现：在教学学术的各维度中，仅知识维度在教师群体中呈现出显著的水平差异，其他各维度在教师群体中均无显著的水平差异。就知识维度本身而言，也是除了受教师所属专业的影响呈现显著的水平差异之外，在其他诸如教师的年龄、性别、职称及所属学校等方面均无显著的水平差异。

基于以上各方面的考虑，笔者认为造成我国大学教学学术性程度不高的主要因素是大学，是大学这一独特组织及其独特的环境氛围。教师对大学教学学术性的认识及其行为结果实际是他在大学这种特殊环境中进行利益抉择的结果。而支配他们做出如此选择的因素则是藏于其教学生活背后又消融于教学生活本身的制度平台。① 笔者对大学教学学术性程度不高的原因进行统计后,最终得出的数据分布也证实如此(见附录2)。

至此,笔者作出如下判断:造成我国大学教学学术性程度不高的原因既有观念,更有现行的规则规章。正是教师的观念导致了教师对教学学术的不作为,正是现行的规则规章造成了教师观念和教学实践的分立。教学学术在我国尚不具备实现条件。

2. 大学教学学术的外在制度障碍

教学学术在我国不能得以有效落实,现有的外在制度是一大障碍。一方面,已有的学术建制环境不利于教学学术性的彰显,不利于教学学术的有效落实。教学在现有学术建制环境中地位低微,缺少学术支持。另一方面,大学教学建制的学术化程度不足不利于教学学术性的彰显,不利于教学学术的有效落实。两者之中,后者是根本。

(1) 已有的学术建制环境不利于教学学术的有效落实

1) 微观层面:大学内部的教师管理制度不利于教学学术的有效落实

高校内部层面,直接关系教学学术落实成功与否的制度是大学教师管理制度。我国高校现行的大学教师管理制度中有许多不利于教学学术落实的因素,构成了高校内部层面的外在制度障碍。

① 偏斜不公的资源分配制度不利于教学学术的有效落实。

我国高校现行的资源分配制度是一种偏斜不公的制度,存在严重的

---

① 周兴国,李子华著:《高校教学管理机制研究》,安徽人民出版社2008年版,第65页。

重科研倾向，不利于教学学术的落实。高校内部的资源分有形资源与无形资源两种。在有形资源中，经费是主要形式，也是对教师影响最大的一种资源形式。具体体现为绩效工资、一次性奖励和项目分配三种形式。

第一，现行的绩效工资制度不利于教学学术的有效落实。

目前，我国各类高校的工资结构大致相同，由基本工资、津贴及绩效工资三大块组成。其中，基本工资是由过去的职务等级工资转化来的，它与教师的职称、工龄相挂钩。津贴也与职称相挂钩，不同的职称等级具有相应的津贴份额。而绩效工资则是着重反映教师的岗位实绩和所做贡献的工资形式。前两种工资形式相对稳定，主要对教师的工作生活起到保障作用，被称为保障工资。绩效工资因其与业绩和贡献挂钩，具有激励作用，被称为激励工资。在多数高校中，绩效工资多以年终奖的形式出现，工资份额依据教师的基本活动（教学、科研和社会服务）进行区分。学校分别进行工作量考核，并依其工作量的多少分别给予以相应的工资数额。在工资的三种成分中，绩效工资最能影响教师的工作重点，而也正是这种工资形式是阻碍教学学术有效落实的重要因素。

首先，工作量的核算指标体系设置不平衡。教学工作量的核算指标不如科研详尽完备。对于科研工作来讲，项目规定较为详尽，诸如论文著述的数量及等级、科研项目的数量及等级、项目经费的多寡、国内外各种学术会议的参与情况等方面，可谓名目繁多。为了方便计量，各学科专业、院系又分别制定了相应的期刊分类标准。一定数量和级别的论文是硬性要求。对于教学工作来讲，项目规定则较为简单，大部分学校将教学区分为理论教学和实践教学两方面进行工作量考核，将教学工作的各个环节分类别依其权重进行核算。虽然也会对教学研究、教学奖励有所要求，但那都是附加条件，不是必须要求。较为明显的是很少见到院系的期刊分类标准中有教育教学类期刊，或者说，很少有教育教学类期刊在已有的期刊分类标准中位居前列。更少见对教学交流的相关要求。一定的课时量是硬性要求。由两种工作的工作量核算指标体系设置来看，科研工作是被当作学术评价的，而教学工作却更倾向于被当作技术评价，缺少对其学术性的观照。

其次，单位工作量对应的津贴数额不平衡。教学工作量的考量依据是课时量，与之相对应的津贴形式是课时费。我国高校的平均课时费大体在 30-40 元/课时，普遍偏低。科研工作量的核算依据是论文、著述，针对其等级确定津贴数额。一般来讲，发表一篇 CSSCI 对应的津贴为 1500 元左右，发表一篇一般核心对应的津贴为 1200 元左右。可以说，一篇论文的津贴额度就相当于数十节甚至上百节课时的工作量。单位工作量津贴数额的不平衡相应延伸至对教师超额工作量的核算中，并继而产生教学与科研之间的不平衡。这就造成"发表了较多核心刊物论文，承担了较多研究项目的教授，年收入往往比发表了较少论文，主持较少研究项目的教授高"，"承担了较多周课时的教授由于科研产出低，年收入通常比承担较少周课时的教授低"，教师的教学与其薪酬之间关系不明显或呈负相关，而教师的奖酬与其研究生产力却呈很强的相关性。[①]

此外，有些学校、院系在对工作量进行核算时，会将课时费与其他一些诸如基金、项目经费一起折合计算，这更加减少了课时费在整个工资总额中所占的比重。基于自身利益的考虑，大多数教师自然会更倾向于考虑发表学科专业论著，而非多上点课、多钻研点教学。这也势必会影响大学教学学术性的彰显程度。

第二，一次性奖励分配不利于教学学术的有效落实。

一次性奖励是高校经费资源的另一重要方面，同时也是阻碍教学学术有效落实的重要因素之一。首先，一次性奖励金额的设定标准不平衡。科研类成果的奖励金额明显高于教学。如某大学对于国家级成果的奖励标准中写道："获发明奖、自然科学奖、科技进步奖，特等奖奖励 100 万元、一等奖奖励 50 万元、二等奖奖励 20 万元"，而"获国家重点学科……国家级教学团队、国家级特色专业、国家级实验教学示范中心，奖励 10 万元；获国家级教学成果奖，特等奖奖励 10 万元、一等奖

[①] 魏嵘，王玉芝：《我国高校教师奖励制度的实证研究》，《高教探索》2007 年第 3 期。

奖励5万元、二等奖奖励2万元；获国家级教学名师奖、国家级精品课程、国家级精品教材，奖励5万元"。其次，教学类奖项的申请难度大，教师申请的动机不强。部分学校对获奖条件和名额限制太多，如必须为教授才能申请。很多教师因此反映"获得这些奖项太难"，从而不愿去争取，造成教学奖项形同虚设。再次，教学在某些学术性奖励标准中缺位，教学学术不被鼓励。有些学校在论文的奖励标准方面有具体规定，包括诸如《SCIENCE》、《NATURE》、被SCI/SSCI/A&HCI收录的论文、被CSSCI检索的论文等。很少见到有以大学教学、教学学术为主题的期刊，或者说以大学教学为主题的期刊很少在其中位居前列。最后，教学奖励不与职称晋升制度挂钩，难以对大学教师从事教学、教学学术产生激励作用。有教师反映：教学名师奖、教学成果奖对自己的职称晋升没什么影响，仅仅是锦上添花而已，没有必要申请。由此可以看出，在一次性奖励制度中，大学教学不被重视，不被当作学术看待。

第三，项目资源分配不利于教学学术的有效落实。

项目是资金经费的主要来源，依据项目的多寡、级别可以对教师工作所获支持性资源的多少作出判断。在这方面，科研也是胜于教学的。首先，"与科研相比，教学方面设立的奖项、可申报的项目等较少，青年教师申报的难度较大"，"某些教学项目的立项也出现了一定程度的异化（强调申报人员的科研成果、职位、职称等）"。① 其次，与科研相比，教学项目的经费额度低。教研项目的经费主要来源于学校的专项资金，实行一比一配套经费支持，对于教学立项的资助金额非常有限。总额不高，平均后的单位项目经费更是少得可怜。如某学校对获准立项的每个教改课题重点项目资助额度为1万元，一般项目资助0.6万元。而科学研究尤其是自然科学的课题经费通常都是以数十万、数百万计。

除了以上谈到的几种经费资源形式之外，大学教学的研究也较少有

---

① 方学礼：《基于教学学术的大学教师职务评聘制度重构》，《教师教育研究》2010年第4期。

专项基金赞助支持，现有的教学规划课题是国家层面的唯一对教学研究进行经费资助的组织。而自然科学研究却有国家自然科学基金等多个基金组织予以大量经费支持。

除有形资源外，在无形资源方面，也存在重科研轻教学、限制教学学术性的彰显等现象。如教学奖项相对于科研奖数量少、教师参与教学培训、访学以及提高名望等机会也相对不足，同样不利于教学学术的有效落实。

我国高校现有的资源分配制度是建基于特定学术评价制度基础之上的，因此，资源分配制度中不利于教学学术的因素能在现有的学术评价制度中找到根源。

② 窄化单一的学术评价制度阻碍了教学学术的有效落实。

我国目前的学术评价制度存在严重的窄化现象，言称学术评价，实指科研评价。科研评价几乎成为当前各高校学术评价的全部内涵。理论层面，学术界对学术评价的探讨多集中于科研评价；实践层面，各高校更是以科研代替学术，对科研工作的重视有过之而无不及。学术评价制度中，与大学教师切身利益密切相关的是大学教师聘任和晋升制度，它对教师的行为具有直接的导向作用。而我国现行的大学教师聘任和晋升制度是不利于教学学术有效落实的。

第一，制度规定不利于教学学术的有效落实。

首先，制度规定的重科研轻教学倾向不利于教学学术的有效落实。制度文件对工作规定的明确程度在很大程度上可以反映工作的被重视程度。目前，我国各类高校现行的聘任晋升文件对科研工作要求详尽明确，而对教学工作的要求则相对粗略模糊。如某大学对副教授的评聘要求是在 CSCD、CSSCI 来源期刊上发表本专业论文 3 篇以上，而对教学则多用诸如"熟练掌握教学各环节"、"教学质量优良"、"教学成绩卓著"等词语进行要求。何谓"优良"，何谓"卓著"，又何谓"熟练掌握"，这些都是模糊其词的表述。教师、管理者并不能做到心中有数，并认为与其追求这些模糊的标准，倒不如追求更为明确的科研指标。从文件对科研规定的明确程度上，我们也可以看到当前高校对于科研工作的重视程度是远远高于教学的。有学者也通过实证研究发现：在高校教师的职称晋升和岗位聘任指标体系中，科学研究所占重要程度基本是教学的 2 倍。①

其次，教学规定的两极分化现象不利于教学学术的有效落实。现行制度对教师的教学工作规定要么过高，要么过低。过高的期望与教师的能力相差太大，教师只能望而生叹。本来旨在对教师教学进行激励的制度要求反而成了削弱教师教学动力的推手，会大大降低教师从事教学活动的动机。过低的要求则又削弱了教师投身教学活动的动力。教学规定自身存在两极分化现象。另外，教学学术在教学规定中缺位。在大部分高校中，教学研究是不与职称评聘挂钩的。有教师反映，评职称主要关注的是专业科学研究，教学研究只对教学立项和教学奖的申报有作用。"科研论文可以当教学论文用，而教学论文不能当做科研论文用"。"评职称用不上"（24.8%）成为削弱教师教学研究、教学交流动机的原因之一。虽然有部分学校在规定中也对教学研究提出了要求，但该要求所指通常为教学立项。这种教学立项均为由上至下的项目、课题，而非教师从教学实践中自发生成的研究意向。就教学立项本身来说，其研究成果也仅仅是锦上添花，有与没有对职称评聘来说都是一样的。除了教学研究缺位之外，教师聘任制度还缺少对教师的教育学学习经历、教学研究经历以及教学交流经历的强调。在教师的晋升规定中也同样缺少对教师参与教学培训、参与听评课以及教学研究成果、教学经验总结报告、教学讨论等其他学术成分的要求。

第二，制度规定与实践脱节，制度执行不力。

据笔者了解，虽然也有高校在教师评聘制度中体现了教学与科研的平等地位，但一旦落实到具体操作层面却并非如此，科研仍起绝对主导作用。"科研一票否决制"已成为我国各类大学教师评聘制度中的潜规则。科研成果丰富的教师会比拥有丰富教学成果的教师拥有更大优势。对教师教学的考量也主要看其基本的工作量是否合格，这些与对科研的

---

① 魏嵘，王玉芝：《我国高校教师奖励制度的实证研究》，《高教探索》2007 年第 3 期。

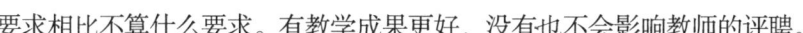

要求相比不算什么要求。有教学成果更好,没有也不会影响教师的评聘。

第三,制度标准单一,导致重科研轻教学现象普遍存在。

当下,我国大学的学术评价标准较为单一,缺少对不同学科、不同研究领域、不同角色定位以及不同发展阶段教师的考虑,倾向于以同一套标准对全体教师作出要求。所有专业、所有教师在任何时候都要面临教学和科研双重压力,这势必会造成教师个体的角色困扰,最终引起压力、焦虑等心理问题。受学校政策、制度的约束,绝大多数教师势必会选择对自己名利有益的科研工作作其工作重心。这样,对教学的忽视势必会成为一种普遍现象。在教学质量得不到保证的前提下,就更不用说教学学术了。

虽说是学术评价的单一性导致了教师自身角色定位的混乱,但也正是大学教师管理中对教师角色的管理不善决定了学术评价的单一性。从学校管理层到教师自身都缺少对教师角色的明确意识和定位,这是导致学术评价标准窄化的一个重要诱因。

偏向于科研的学术评价制度并未让科研走上真正的繁荣,而是导致了科研的变异性发展。对科研过多的外部强调消减了教师从事科研的内驱力。原本作为教师兴趣之事的科学研究在过多的外部奖励、强调之下变异成为了功利之事。教师为了快出成果,只注重应用性研究,而难以沉浸在基础性、原理性的研究中。这种变异导致了大量的"低水平重复、粗制滥造、泡沫学术、假冒伪劣、抄袭剽窃"等学术失范行为的大量产生。① 正所谓过犹不及。也可以说,正是学术评价的标准单一及其对科研工作的过分看重是我国学术问题的真正元凶,也是我国学术整体不高的重要诱因。在这种制度环境下,产生不了诺贝尔奖是再正常不过的了。偏向科研的评价体制一方面变异了科研自身,另一方面,其所造成的教师对教学的忽视,也影响了对未来人才尤其科学人才的培养。

---

① 杨玉圣:《学术腐败为何猖獗北大博导剽窃事件三点反思》[EB/OL]. 新浪网新闻频道. 2002-1-23。http://news.xinhuanet.com/newscenter/2002-01/23/content_249853.htm.

从本质上说，科研取向的学术评价制度正在断送中国科学发展的后路。

2）宏观层面：现行的大学管理制度不利于教学学术的有效落实

大学内部制度不是孤立存在的，根本上还受制于宏观层面的大学管理制度。大学内部学术评价制度对教学学术的诸多不利因素均可以从宏观的大学管理制度中找到根源。

① 大学评价制度的制约。

我国现有的大学评价就其主体可分为官方和民间两种。其中，较有影响力的当属中国管理科学研究院的《中国大学评价》。

第一，学术内涵窄化，教学评价存在技术性取向。

《中国大学评价》的指标体系分有人才培养和科学研究两项一级指标。从二者的指标设计来看，科学研究被当作学术评价，而人才培养仅被当作技术活动对待。如在人才培养（本科生教育）的指标下，分设本科毕业生就业率、新生录取分数线、本科教学评估结果、全校生师比、本科毕业生数、教师平均学术水平、双语教学示范课程、实验教学示范中心、特色专业、教学团队、规划教材、挑战杯本科生学术竞赛奖、本科数学建模竞赛奖、本科教学成果奖共14项指标。[①] 指标多侧重对教学以量、对教师以学历水平作出判断，缺少对教学培训、教学研究以及教学交流等学术性成分的观照。虽然指标对于科学研究的衡量也主要采取定量的方式，但是其量的内容却是围绕研究成果、学术交流等学术性成分进行的，是将科研作为学术进行考量的。

第二，评价标准单一，缺乏分类考量。

目前，我国的大学评价奉行同一套标准，用统一的评价指标体系评价各种类型、各种层次和各种规模的大学。这种标准是科研学术性、教学技术性导向的，势必会影响当下大学的发展取向，影响各类大学尤其教学型大学的教学工作的正常开展和教师的教学专业发展。

第三，学术界以期刊为导向的学术评价制度制约。

[①] 武书连，吕嘉，郭石林：《2010中国大学评价》，《科学学与科学技术管理》2010年第4期。

大学学术评价制度的科研学术性、教学技术性的取向定位与当下现行的学术期刊评价标准又密不可分。在学术评价的各种形式中，以学术论文发表的数量以及期刊的级别作为评判标准是当下最为主要的评价标准。在学术界，学术期刊被赋予了很大程度的学术评价功能，或者说学术评价越来越重视学术期刊的作用已成为不争的事实。[1] 在一定程度上说，正是学术期刊的评价标准决定了大学现有学术评价制度的导向。也正因为此，学术界乃至各大学院系均制定了相应的期刊级别标准，并以此标准作为教师学术评价的主要依据。我国现行的期刊评价标准又是什么样的呢？什么样的期刊才算高水平的期刊呢？是理论水平，理论水平高的期刊便是水平高的期刊。正是这种高理论导向的学术期刊评价决定了在现有的期刊级别标准中很少见到教学类期刊，或者很少见到排名靠前的、作为权威或核心的教学类期刊。而已有的教学类期刊也存在迎合现行期刊评价的高理论特点的倾向。以高理论水平作为期刊审稿和录用的标准会造成两方面结果：一方面，导致期刊中的教学论文多以宏大、高深的基础性、原理性研究为主，距离实践较远；另一方面，对大多数普通的一线教师来说，生成高理论水平论文的难度非常大，这容易打击大学教师公开发表教学著述的自信心，削弱教师将教学成果显性化、公开化的积极性。调查显示：在不经常或从不将教学成果公开发表的诸多原因中，"很难被录稿"（50.5%）和"没有合适的杂志可投"（26.8%）位居前列是主要原因。因此，教学类期刊在期刊群中的地位及其录稿标准作为影响大学学术评价的重要因素，构成了教学学术难以有效落实的障碍之一。

② 大学分类管理等级性的制约。

科研学术取向的评价标准还导致了高校分类的等级化色彩。大学评价的科研导向导致了大学分类的等级性特征。我国高教界目前比较通用的分类标准是"研究型、研究/教学型、教学型"，而对于各类型高校

---

[1] 胡玲，傅旭东：《学术期刊学术评价功能的成因与机制研究》，《编辑学报》2008年第3期。

边界的界定也具有明显的等级性。如规定研究型大学和教学研究型大学以"211工程"建设学校为主流，在国内有关高等学校实力的各项评比在100名之前。① 基于科研导向的大学评价制度，必然是与研究沾边的大学排名靠前，教学类高校的名次相对靠后。这种评价结果必然给人以研究至上的感觉。这也造成原本以分类为其主要功能的标准不可避免地带上等级性色彩。此外，大学排名的指标体系对学校中教师的学历层次很看重。具有博士学位的教师比例对学校、学科的排名至关重要，而这也正是高校教师进修存在学历指向性的重要制度根源。

（2）大学教学自身的学术建制阻碍了教学学术的有效落实

大学教学之所以达不到教学学术的水平，其原因除周围学术建制环境的制约之外，另一个重要原因就在于大学教学自身的学术建制不足，而这恰恰是问题的关键。

1) 缺乏完备的教学学术人才培养制度

人才是学术的核心。教学学术缺少具有相应素质的教师，缺少教学学者的人才培养制度。教学学术人才培养制度的缺失体现在大学教师发展的整个生涯之中。

① 入职前期。

当前，我国大学教师主要来源于大学尤其是研究型大学的博士研究生。博士研究生教育制度是当下我国大学教师培养制度的职前阶段。我国当下的博士研究生教育"有法可依"。《中华人民共和国高等教育法》(1998年) 规定："博士研究生教育应当使学生掌握本学科坚实宽广的基础理论、系统深入的专业知识、相应的技能和方法，具有独立从事本学科创造性科学研究工作和实际工作的能力。"② 虽然自从我国恢复研究生教育以来，教育目标经过多次调整，经历了从单一到多样的转变，

---

① 马陆亭著：《高等学校的分层与管理》，广东教育出版社2004年版，第8页。
② 中华人民共和国高等教育法 [OL]．[2006-03-15]．http://www.moe.edu.cn/jyfg/laws/jyfggdjy.htm.

但在实际操作中，学术型（科学研究）人才的培养却一直是我国研究生教育的主要目标。这决定了科学研究能力成为整个博士教育阶段的重点乃至全部。在培养过程中，学科专业知识和科研能力得到重视，教育教学相关的知能相对遭遇弱视，更不用说教学学术了。这种单一化教育不利于真正"教师"的培养，更不利于教学学术水平教师的养成。因此，在大学教师入岗之前就已有"重专业、轻教学"的倾向了。另外，相对于大学教师在实际工作中所承担的多重角色、多重职责，职前阶段的教育却显得过于单一，与教师职后的工作生活呈现极大反差。一个特定的学科领域不仅有其独特的知识生成方式，而且还有其独特的学习方式。我们已有的博士生教育制度只关注了前者，对后者却缺乏一定关注。然而，后者才是基础。

② 入职初期。

为保证新任教师能够更快地作出角色转变、更好地适应大学教师这一职业，原国家教委于1997年根据《教师资格条例》和《高等学校教师培训工作规程》的要求，制订了《高等学校教师岗前培训暂行细则》和《高等学校教师岗前培训教学指导纲要》，为教师的岗前培训工作提供了制度上的保证。岗前培训作为大学教师职前职后的过渡阶段，尤其应侧重对其教学能力的培训锻炼。然而，当下的大学教师岗前培训工作存在许多问题，影响了教师教学知能的养成和锻炼。首先，重理论轻实践。培训主要通过几本教材，采取集中授课的方式对教师进行理论教育。诚然，教育理论是教学的知识基础，但理论最终源于实践，教学的学术水平也最终通过实践得以体现和衡量。教育实践指导的缺失，不仅使教师教学的基本能力得不到保障，也使教师的理论知识缺少了重要的实践来源。其次，理论教育不到位。授课时间过短，忽视了教师对教育理论的内化吸收。同时，培训内容传统守旧。培训所用教材均取自既成的教育理论，缺乏前沿性，保守陈旧。陈旧的理论不仅易使教师缺乏参与培训的兴趣，而且不利于教师教学观念的持续主动更新。再次，缺少对教师教学研究意识和能力的培养。反思探究是最能体现教学学术性的因素，当下的培训主要集中于对教师进行既有理论的灌输和教师对既有理论的吸收，缺少对教师进行知识生产意识和能力的养成，易造成教师教学认识的技术取向。最后，考核形式单一。考试普遍采用闭卷形式。这不仅容易引发教师为考试而考试的动机，而且片面的考核方式也必将引领片面的岗前培训。由此，我认为当下的岗前培训制度不仅不利于具有基本教学素养的合格教师的养成，更不利于教学学术水平教师的培育。

③ 入职后期。

入职后，由于周围制度环境的强科研取向，大学教师参与教学培训的机会相对缺失。大部分高校对教师进修的要求多集中于学历层次的提高，如鼓励教师攻读硕士、博士学位的在职研究生，攻读学位班等。另外，教师的学术休假、访学等项目基本也都是针对教师科研能力的提高而设置的，没有将教学考虑在内，相对忽视了教学素养和能力的提高。

纵观教师职业发展的整个历程，无论是基本教学素养还是教学学术素养，在我国现行的大学教师教育制度中都是缺位的。当不具备教学技能、教学学术素养的博士研究生进入大学担任教师后，他们必然会因缺少教育教学知识而求助于经验，"按照他们的老师的教学去教学"或者自己在经验中摸索。上一代的教学模式就这样继续传递下去。长期以往，教学就会变成一种行为定势，教师便习惯于缺少探究意识。在大学现有的制度环境中，教师更缺少对教学知能以及教学学术的关注。经验的、摸石头过河式的教学成长模式逐渐固化并被认为理所当然。教学的学术性始终不能得到认可，阻碍了大学教学学术性程度的提升。

实际调查的结果也是如此。如表5-8所示，教师对于教育理论知识的掌握程度与其所属专业存在较大相关，在专业方面存在显著差异。这种差异突出体现在教育基本理论、前沿的教育思想以及大学生的心理健康知识三个方面，在学科的教学法方面差异不大。具体如图5-1所示，教育专业与其他三个专业存在显著性差异，教育专业的教师对教育理论知识的掌握程度明显高于其他专业的教师。其他三个专业之间无显著差异。

造成这种现象的原因就在于教育专业知识与教学知识之间具有较大的相关性。文、理、工的教师中，除少部分因接受过师范教育接触过教育知识外，大部分教师主要接受的只是学科专业知识教育。因此，由专业属性带来的教学知识掌握程度的差异在很大程度上为教学学术型教师教育制度的缺乏提供了证据。

表5-8 专业与教育理论知识之间的相关及差异分布

	相关性系数	方差	显著性
专业 * 教育理论知识	.162	3.632	.013
专业 * 教育基本理论	.157	3.390	.018
专业 * 前沿的教育思想	.208	6.076	.000
专业 * 学科的教学法	.078	.825	.480
专业 * 大学生心理健康	.109	1.625	.183

专业教育理论知识相关性的多重比较（Multiple comparisons）

因变量（Dependent Variable）教育理论知识

最小显著差异（LSD）

(I)专业	(J)专业	平均差 (Mean Difference) (I-J)	标准差 (Std. Error)	显著性水平 (Sig.)	95%置信区间 (95% Confidence Interval)	
					下限 (Lower Bound)	上限 (Upper Bound)
教育	文科	.271*	.090	.003	.09	.45
	理科	.286*	.092	.002	.10	.47
	工科	.300*	.095	.002	.11	.49
文科	教育	.271*	.090	.003	-.45	-.09
	理科	.015	.048	.760	-.08	.11
	工科	.029	.053	.580	-.07	.13
理科	教育	-.286*	.092	.002	-.47	-.10
	文科	-.015	.048	.760	-.11	.08
	工科	.015	.056	.797	-.10	.13
工科	教育	-.300*	.095	.002	-.49	-.11
	文科	-.029	.053	.580	-.13	.07
	理科	-.015	.056	.797	-.13	.10

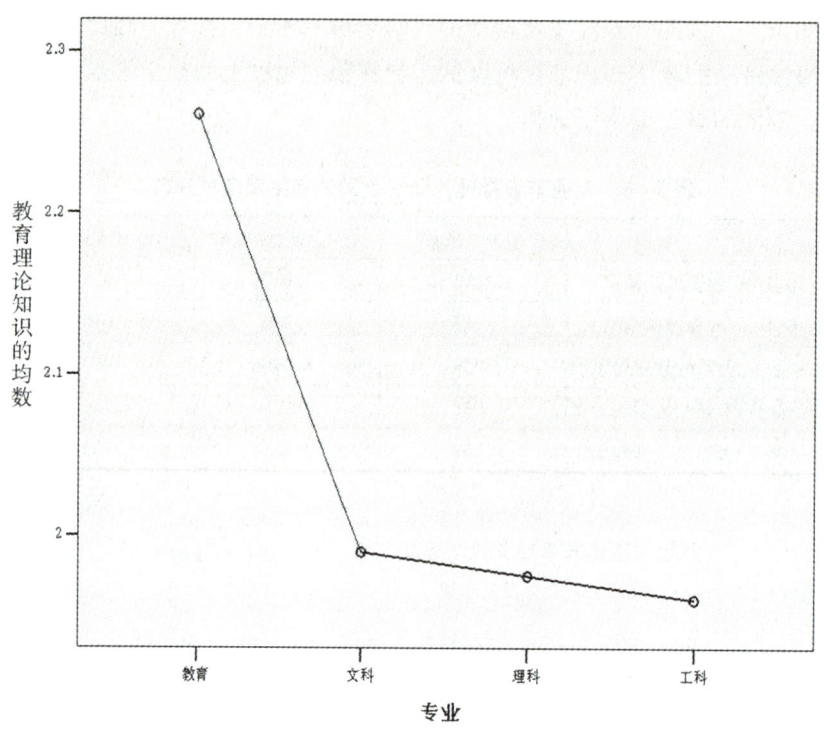

图 5-1 教师对于教育理论知识掌握程度的专业差异分布

2) 大学教学学术共同体的缺乏不利于教学学术的有效落实

"所谓的学术共同体就是指一群志同道合的学者遵守共同的道德规范,相互尊重、相互联系、相互影响,共同推动学术的发展,由此而形成的群体。"① 学术共同体拥有多种形式,既有正式的学会、协会等组织形式,也有非正式的无形学院。学术共同体不仅是一种活动成为学术的重要标志,更重要的是,它能为学术成员提供心灵归属感和学术交流

---

① 韩启德:《中国科协主席韩启德在第十一届中国科协年会致开幕词》[EB/OL]. [2009-09-08]. http://scitech.people.com.cn/GB/25509/56813/166862/166864/10009618.html.

的平台。与正式的学术共同体对应的学术交流平台一般体现为期刊、会议（如学术讨论会、专题讨论会）等形式，非正式的学术共同体的学术交流形式则多体现为学者之间在日常进行的教学交流和沟通。无论与专业学科相比，还是与中小学教学相比，大学教学的学术共同体都相对不足，由学术共同体构筑的学术交流平台则更少。

就正式的学术共同体而言，由教育部党组、教育部高教司与高等教育出版社联合成立的全国高等学校教学研究中心是目前为止唯一一个全国范围的专门大学教学组织。学科以及地区范围的教学组织更少见到。与学术共同体的不足相对应，以大学教学为主题的学术交流平台也不多。首先，以大学教学为主题的专门期刊少。至目前为止，主题为大学教学的专门期刊仅有《中国大学教学》一家，高等教育领域内的其他期刊多以学科专业为其侧重点，为教学研究留出的空间很少。在调查中，我们发现，大部分教师不会将其教学研究成果公开发表，"没有合适的杂志可投"是重要原因。其次，以大学教学为主题的学术会议少、行政色彩浓厚。无论与专业学科相比还是与中小学教学相比，大学教学为专门主题的会议少，且具有浓厚的行政色彩。与学术共同体一致，我国以大学教学为主题的会议主要是由全国高等学校教学研究会主办的"中国大学教学论坛"。而此论坛的知名度和参与度并不高。论坛的一项网络在线调查显示，参与调查者中有27%的人没有听说过该论坛，39%的人没参加过该论坛。另外，会议的行政色彩浓厚。以"中国大学教学论坛"为例，论坛主要的出席代表由四部分组成：全国高等学校教学研究会常务理事，高等学校教学校长、教务处长、教学院长（系主任）及相关教学管理、研究人员，各级教育行政部门有关领导以及有关专家。由此代表结构可以看出，大部分参会人员为行政官员，教学理论工作者少，大学一线教师的代表更少。正是参与主体的行政定位为会议奠定了行政基调，也决定了会议主题多为宏大的、技术性的内容，少见微观的、学术性的内容。

与正式的学术共同体及其学术交流平台相对应，围绕大学教学形成的非正式的无形学院更少，如教师之间很少有日常的教学交流。

3) 技术取向的大学教学评价制度不利于教学学术的有效落实

我国现有的大学教学评价制度倾向于将大学教学当作技术活动而非学术活动评价，是技术取向而非学术取向的评价。评价形式以终结性为主，评价的目的在于考核教师的教学工作是否达标，合格是主要要求。缺少对不同教学水平、教师不同成长阶段的考量，忽视了教师教学的个性与学术性。这种取向体现于评价的各个方面和环节。也是这些方面和环节决定并造就了大学教学评价的技术取向。

① 评价指标的技术取向。

已有的教学评价指标中，多见对教学行为的评价，如"能调动学生情绪，课堂气氛活跃"、"讲课有感染力，能吸引学生的注意力"等要求，缺少对教师在教学理论知识的学习、前沿思想的了解等方面学术情况的考核。

② 评价方式单一化。

当前我国大学所采取的教学评价形式较为单一。首先，主要采取问卷表格制，"一表通全校"，无视不同院系、不同学科、不同教师个体之间的差异，扼杀了教师教学的个性和创造性。受制于问卷这一评价方式的局限性，评价只保留了课时量这一最基本的要求，缺少适应于不同教学水平的标准设计，降低了教师从事教学的动机和投入的时间精力。其次，主要采取量化的评价方式。诚然，量化的评价通过各种具体明细的指标对教学工作予以衡量，人为干预较少，与定性评价相比更为客观、公正、规范，也更易操作。但这些优点恰恰成为了其诟病之源。量化的评价方式与大学教学的学术性特点相距较远：量化评价过于简化的指标与大学教学的学术性、复杂性形成了对比；量化评价指标对当下的强调，与大学教学效果的延期滞后性形成了对比；量化评价过于标准化和规范化的指标体系与大学教学的自主性形成了对比。正因为此，量化的评价方式并不能全面反映大学教学活动自身的特点，不能从真正意义上反映大学教师的教学水平。

③ 评价范围过窄。

现行的大学教学评价主要关注课堂教学，忽视了课堂教学以外的教学行为。而教学的学术性更多是从教师课堂外的行为中体现出来。

④ 教师在评价主体中缺位。

高校内部，实施大学教学评价的主体一方面是教学管理人员，另一方面是大学生。评价主体中缺少大学教师的参与，相对剥夺了大学教师的教学评价自主权。大学教学评价的主体主要是行政人员，是外行评价内行。他们看到的仅仅是表面的工作量，而非深层次的教学的学术性。他们在制定各种教学评价标准以及评价的实施过程中，必然会将对工作量的考核核算作为评价的重点。而这也决定了此种环境中的教学的行政性、事务性定位，而非学术性定位。

4）现有的大学教学管理方式不利于教学学术的有效落实

受宏观管理体制的影响，我国现行的大学教师管理具有浓厚的行政色彩，是集权式的、行政式的管理，具体体现为各教学主体之间的管制与被管制。大学教学管理者需听从并执行政府、教育部的要求，而大学教师则要听命并执行教学管理者的要求。三者之中，教师处于管理系统的最底层，是彻底的被压迫者，以命令的遵从者和被动执行者的角色存在。近年来，由对教学质量的重视而对"教学改革"的呼吁不断加强，加剧了行政权力对教学事务的不断参与与渗透。使得高校教学管理的规范化和行政化现象更加严重，堪比中小学、幼儿园的教学管理。"各种教学管理文件每学年多如牛毛，管理规程日渐严密，管理程序日趋规范。"① 教学中的几乎全部事务都归属于行政管理的范畴。

5）现行的本科教学工作水平评估不利于教学学术的有效落实

政府组织的普通本科教学工作水平评估作为宏观层面的大学教学评价制度，是我国政府在办学自主权下放后对高校的变向控制和管理。这种宏观的外部的教学评价因其自带的官方权威性对高校内部的教学评价、教师工作起着很大的导引作用。我国高校内部的教学管理、教学评价制度中的诸多不利于教学学术的因素均可从这种评估制

---

① 周兴国，李子华著：《高校教学管理机制研究》，安徽人民出版社2008年版，第2页。

度中找到根源。首先，大学教师的评估自主权缺失。在现行的本科教学评估工作中，教师是被评价者，在评估的组织、评估指标的制定以及评估结果的使用方面都缺少自主权。大学教师在评估的整个过程中作为被动的客体存在，行政化的评估形式剥夺了教师教学的自主评价权。其次，教学学术在已有教学评价指标体系中缺位。现行的教学评估指标多体现在办学指导思想、师资队伍、教学条件、专业建设、教学管理等方面，多为基础的、宏观的外在条件，较为贴近教师教学行为本身的教学效果评估也主要从学生的成绩和表现来对教学效果作判断，很少关注教师本身在教学方面的研究创新以及教学交流等具有学术特性的活动。教学学术在评价指标设置中的缺位不利于对教师教学学术行为进行引导和激励。

此外，当下的管理制度尚缺少对大学教学行为的惩戒制度。只听说"不出版，就走人"，而很少听说"不教学"或者"教不好就走人"的说法。

3. 大学教学学术的内在制度障碍

除了外在制度的制约，大学教学非学术的另一重要原因在于内在制度环境的制约。由于外在制度根植于内在制度，因此，内在制度本身便也构成了上述外在制度障碍产生的原因。

（1）基于高深学问的传统观念不利于教学学术的有效落实

制约大学教学成为学术的观念因素来自于大学这一独特的文化环境，来自于大学特有的传统学术观、教师观和教学观。其中，高深知识这一大学独有的信仰和情结是内在制度中的核心。因为高深知识既是大学与中小学两种教育阶段得以区分的重要标志，也是大学内部教学与科研的地位与待遇差别悬殊的关键症结。首先，高深学问是大学与中小学两种教育阶段得以区分的重要标志。正如高等教育哲学家布鲁贝克所说:"高等教育研究高深学问。在某种意义上,所谓高深学问只是程度不同。但在另一种意义上,这种程度在教育体系的上层建筑是如此突出,以致使它成为一种不同的性质。教育阶段的顶层所关注的是高深的学问。"① 高深学问决定了大学与中小学的不同。其次,高深学问是大学内部教学与科研的地位与待遇差别悬殊的关键症结。高深学问是学术的内容,并因此决定大学学术的范畴,决定大学学术观,并进一步影响大学教学、科学研究等活动本身的功能定位以及大学教师自身的角色定位。在以学术为志业的大学教师心目中,唯有以高深知识作为其内容的活动才算作学术,也才是它们应该认真对待的活动。高深学问决定了教学与科研在大学中地位和待遇的悬殊差别。因此,正是高深学问以及由它影响塑造的学术观、教学观以及教师观等一系列传统观念共同构筑了大学这一独特的文化环境。

1) 大学的高深学问情结不利于教学学术的有效落实

教学是传播知识的活动,科研是生产知识的活动,社会服务是应用知识的活动。大学是作为一个知识活动系统而存在的。② 大学作为知识的中心,这种知识主要是高深知识。甚至可以说,大学是因高深知识而产生的。如世界上最早的高等教育机构柏拉图学园便是因人们对真理的虔诚的好奇心与求知欲而生成的。对于高深知识的最初的好奇心和求知欲在经过历史的轮回与积淀后,不断渗透进各个时代、各个国度的大学教师思维当中,潜移默化地支配着他们的行为,逐渐在大学教师这一特殊的群体之中构建起了高深知识的崇高与美好的地位与形象。高深知识已成为大学存在的理由和目的,已成为大学、大学教师的忠诚信仰。费希特在当选德国柏林大学首任校长就职典礼上曾说:"这所大学的产生将以建立在近代科学和数学基础上的近代哲学取代统治了欧洲许多世纪

---

① [美]布鲁贝克著:《高等教育哲学》,郑继伟等译,浙江教育出版社1987年版,第2页。
② 刘则渊,韩震:《知识活动系统与大学知识管理》,《大连理工大学学报(社会科学版)》2003年第2期。

的亚里士多德的那种权威学说；这所大学以'不听信不足够的理由'为其学术自由的思想；这所大学的教学和科研以追求真理为主旨；这所大学是以国家和民族的长远利益，以人类进步和人的完善发展，以自由探索真理为办学的主旨。""大学者，研究高深学问者也。"（蔡元培）大学之所以存在不在于其传授给学生知识，也不在于其提供给教师研究机会，而在于其在"富于想象"地探讨学问中把年轻人和老一辈人联合起来，由积极的想象所产生的激动气氛转化为知识。① 大学中，大学教师的一切活动都是围绕高深知识进行的。相对不属于高深知识范畴的知识以及不以高深知识作为专门基础的活动均不在或者很少在教师讨论、研究和传播的范畴。

2）基于高深学问的传统学术观不利于教学学术的有效落实

由于高深学问在大学的中心地位以及学者们对它的忠诚信仰，它进一步成为了学术的内容，成为了学术的根本成分。并因其自身的动态性赋予了学术本身以动态特性。在不同知识型下，高深知识的不同范畴决定了各时代学术观的不同。一种学术活动的内容对于特定时代高深学问的契合性也将影响该活动学术性的彰显程度。因此，在不同的学术观下，同一种学术活动的学术性的彰显程度是不同的。在学术的各种形式中，只有研究是以高深知识为主要内容的活动，因此，研究是学术诸种形式中最能体现学术特性的一种，而发现的学术也便因此成为大学学术的主导类型。大学以学术为中心，大学教师以学术为其志业。因此，致力于探究高深学问，致力于发现高深知识便成为大学教师的"正牌追求"。

高深知识是时代的产物，是特定知识型——形而上学知识型下知识等级划分的结果。② 产生之初，受形而上学知识型的影响，其范畴主要体现为形而上的理论知识。脱离实际生活、远离实践活动是其主要特征。这种特征作为一种基因埋藏并贯穿于高深知识的一世。人们一谈高

---

① ［美］约翰·S·布鲁贝克著：《高等教育哲学》，王承绪等译，浙江教育出版社1987年版，第7页。

② 由于高等教育最初产生于古希腊时期，处于形而上学知识型的萌芽时期，因此形而上学知识型可被视为高深知识的知识型起源。

深知识，便会联想起高深莫测的本体性哲学。以这种知识为主要内容的学术便是传统学术。教学知识与之相距较远，二者的契合度不高。因此，在传统学术观下，大学教学的学术性得不到彰显或者说彰显程度不高。大学教学只能作为一种学术的形式或者传统学术的一个环节存在。由于自身的历史性，传统学术观的力量是强大的，当教学学术这种新观念与之在教师头脑中相遇，无疑会产生两种结果：第一种，教师潜意识中的传统观念彻底战胜了教学学术，教师对教学学术予以排斥。第二种，受新思想的影响，教师看到了教学的复杂性、学术性，认为大学教学也应该研究，也有必要研究。但受传统观念力量的稀释，教学学术在教师头脑中也仅仅停留在"应该"、"可以"、"有必要"的层次，被潜意识拽住后退始终上升不到"必须"的层次。

在当今的科学知识型下，科学知识成为高深知识的全部内涵。受传统高深学问的影响，科学知识不免脱离世俗而带有浓厚的"象牙塔"色彩。传统学术具体化为科学学术观。因而，以科学知识为主要内容的科学研究便成为大学教师必须的、应该的使命。教学则因其内容对于科学知识的契合程度不高而使其学术性不能得以彰显或者彰显程度不高。另外，科学学术是学科化、专业化的学术，由此决定了大学组织的基于学科专业的院系划分。形式上的分立长期以来强化了大学教师的学科、专业归属意识，并逐渐酝酿形成了大学教师教学的个人主义文化（individualistic culture）和分化的文化（balkanized culture）。[①] 在个人主义文

---

① 哈格瑞夫斯（Hargreaves）分析了四种教师文化：1）个人主义文化（individualistic culture）。2）分化的文化（balkanized culture）。3）自然合作文化（collaborative culture）。基建于教师之间的开放、互信和支持。4）硬造的合作（contrived collaboration）。教师被要求围绕行政人员的意图与兴趣进行"合作"。在这四种教师文化中，个人主义的教师文化与分化的教师文化，仍然是一般学校里最为常见的教师文化，自然合作的教师文化对于教师专业发展，是最为理想的一种文化。而人为的合作文化，哈格瑞夫斯认为是"倡导合作的人最当警惕的一种状况：来自教师群体之外的意图与兴趣，很容易打着'合作'的幌子销蚀了真正的合作"。Hargreaves, Andy. Culture of teaching: a focus for change. In Andy Hargreaves, Michael Fullan (Eds.). Understanding Teacher Development. London: Cassel & Teachers. College Press, 1992. 转引自：连榕主编. 教师专业发展. 高等教育出版社. 2007. 4. p63 - 64.

化中，教师之间相互隔离，教师的主要精力用于处理自己的专业、自己课堂里的事务。在分化的文化中，教师个体分别忠诚、归属于不同派别，各派别相互分立，有时为争取权力与资源而相互竞争。因此，无论哪种文化均不鼓励也不利于教师之间的教学交流。这造成了大学教学作为学术的交流维度的缺失。

在传统学术观尤其科学学术观下，教学只能作为科学学术的一个形式、一个环节存在，大学教学只是科学研究的一个附属品和衍生物。科学学术观遏制了教师进行教学研究的动力，从而成为教学学术难以有效落实的一个潜在的内在制度障碍。

3）基于高深学问的传统大学教学观不利于教学学术的有效落实

由前文知，在传统学术观尤其科学学术观下，大学教学的学术性程度不高。大学教学仅仅作为科学学术的形式位于学术边缘。教学的边缘地位必定会影响大学教师对教学的态度，影响大学教师所持的教学观。教学不是学术，对应的观念便是教学技术观，即认为教学是传播高深知识的技术活动，仅仅是一种手段或途径，教学是个体性的活动，不具有交流性。这便是传统大学教学观的全部内涵。虽然随着时代的发展，教师对于教学的认识受理论界的影响也发生了许多变化，认识到了大学教学的复杂性以及大学教学知识的深奥性。但由于传统大学教学观的强大惯性力量以及教师对教学形成的刻板印象，教师对教学研究、教学复杂性等的认识相对弱化。教学的复杂性和探究性始终被遮蔽，进而导致教学认识的技术化倾向，并进一步削弱了教师进行教学探究、交流的动力和欲望。这样，虽然教师可能会认识到教学也需要研究、交流和讨论，但不会有很强烈的动机将之付诸实践。这就成为了教学学术观念有效落实的又一个潜在的内在制度障碍。

4）基于高深学问的传统大学教师观不利于教学学术的有效落实

与大学、学术的产生相伴随的是大学教师的另一称号——学者。由于高深学问"或者还处于已知与未知之间的交界处，或者虽然已知，但由于它们过于深奥神秘，常人的才智难以把握"①。只有大学教师才是能够对之作出掌握了解、探究其奥秘的那少数的精英人才，因而被冠以学者称号。大学是一个学者的社团（洪堡）②，大学是学者们自由联合而成的，这种联合是由于学者们对于科学的追求需要集体的讨论和促进而产生的（施莱尔马赫）③。大学教师的学者形象定位自大学产生之日起便根深蒂固，对高深知识的探求、对学者形象的塑造早已成为大学教师基因式的内在形象诉求。学者固然以学术为其主要活动，在传统学术观尤其当前的科学学术观下，科学研究即学术的全部。学者形象定位下的大学教师必然会将更多的精力用于科研而非教学，将科研视为其使命。不属于高深学问范畴的活动均不属于作为学者的大学教师探究的范畴，教学作为学术的形式仅仅是教师的职责而已。虽然一名好的教师应首先是一名好的学者，但学者并非大学教师资格的全部。既有的对于学者的理解是片面的。我们对于学者的界定不能仅仅局限于任教学科专业的学者，而且还应该是教学学者。因此说，传统对于大学教师的学者形象定位阻碍了教学学术的有效落实。

5）基于学术形式的大学使命的多元性不利于教学学术的有效落实

学术形式的多样性决定了大学使命的多样性，也决定了大学教师职责以及教师角色的多样性。大学教师是多种角色的复合体，每日周转于科研、教学、社会服务三种角色之中。在充满各种利益冲突的现实环境中，教师很难做到三者的有机平衡，时刻面临角色冲突。最为突出的便是教学同科研、教者与学者之间的矛盾。结果更多表现为：教学让位于科研、教者让位于学者。可以说，基于学术形式的多元大学使命、多重教师角色是导致重科研轻教学这一行为的另一内在心理成因。与多元复杂的大学使命相对照，中小学较为单纯，其使命只有教学。使命的单纯决定了教师角色、职责的单一。而且，基础教育阶段对教师的专业学术

---

① ［美］约翰·S. 布鲁贝克著：《高等教育哲学》，王承绪等译，浙江教育出版社1987年版，第2页。
② 张斌贤，刘慧珍：《西方高等教育哲学》，北京师范大学出版社2007年版，第36页。
③ 张斌贤，刘慧珍：《西方高等教育哲学》，北京师范大学出版社2007年版，第25页。

水平的要求是一定的,并不要求他们在专业领域内有多么高深的研究。这样,教师就可以有更多的时间和精力从事教学、研究教学,在提升教学质量方面做更多、更深入的思考。由此,我们便对"同为教学活动,为什么中小学教学是学术,而大学教学还不是学术"这一困惑又有了更进一步的了解。

(2) 相关理论基础的匮乏不利于教学学术的有效落实

在当今的科学知识型下,大学教学因教育学知识、教育学科的科学化、学科成熟程度不高而限制了其自身学术性的彰显程度。但这种障碍是与特定时代、特定知识型密切相关的,对教学学术来说是宿命般的障碍,难以改变。大学教学只能随知识型的转变而实现对这一障碍的化解。除却此点,大学教学自身的理论不足、教学学术理论的不足也导致了大学教学知识的不足,进而构成了大学教学学术性程度不高的人为障碍。

1)大学教学的理论基础不足不利于教学学术的有效落实

① 大学教学的理论研究不多。

第一,大学教学理论在我国高等教育理论中是少的。

改革开放以来,我国高等教育理论界主要将精力放置于外部(如大学与政府、大学与市场等),很少关注大学内部(如教师与学生、课程与教材等)。伴随近年来高等教育质量问题的频频出现,关于大学教学问题的研究才日渐多了起来。总体上来讲,大学教学理论在我国高等教育理论中是少的。

第二,大学教学理论在我国教学理论总体中是少的。

之所以这么说,是相对于中小学教学理论而言的。目前,学术界关于中小学教学的理论研究非常丰富。不仅有一般性的教学论,还有许多分科教学论研究。与之相比,关于大学的教学论研究却很少,已有的大学教学论著作屈指可数。可以说,大学教学理论在我国的教学理论总体也是少的。

② 大学教学理论脱离实践。

就已有的大学教学理论来说,其生成主体多为高等教育理论研究人员（如高等教育专家学者、博士研究生、硕士研究生）以及教学管理人员（学校教务处、院系教研科），很少见各学科的一线教师。可以说，与中小学教师对教学的关注度相比，大学教师对教学往往视而不见。与中小学教师的"内向"性相比，大学教师似乎更为"外向"，相对缺少自我反思的意识和行为。大学教师什么都研究，却很少研究自己日常所从事的教学。因此，大学教学理论不仅尚不丰富，而且由于脱离了实践这一信息素材的重要来源而对实践较为疏离。既有的大学教学理论偏重于宏观理论的探讨，缺少实际意义。在已有的理论研究中，基础理论胜于技术理论。对于教育原理、教育哲学的探讨较多，而对于具体的课程编制、教学设计方面的研究较少。笔者以"课程编制"为关键词在学术期刊网中搜索，发现：与大学教学相关的文章仅仅有十几篇，质量参差不齐。调查也发现：有54.1%的教师反映不知道如何对学科内容知识进行教育心理学转化，这是大学教学理论远离实践在实践层面的反映。理论认识的匮乏更加放任了传统的大学教学观。另一个突出的理论缺失便体现在对大学教学的水平层次尚未有多少研究，这也正是现有的大学教学评价技术化、学术评价单一化的理论根源所在。

2）教学学术理论自身的不完善不利于教学学术的有效落实

除了大学教学的一般性理论缺失以外，教学学术理论自身不成熟、不完善也是教学学术思想难以有效落实的重要障碍。目前，中西学术界对于教学学术的讨论虽初步构成系统，探讨范围涉及教学学术的各个问题域。但理论中仍存有争议，突出体现在教学学术的内涵和评价标准方面。这两个问题均是教学学术理论中的核心问题，它们的清晰程度将会决定教学学术在大学中实施的可行性和有效性。理论的模糊不清会直接导致实践的混乱，成为教学学术有效落实的另一理论障碍。

（3）我国的传统文化不利于教学学术的有效落实

一方面，虽然我国近代大学是在移植西方的基础上建立发展起来的，故大学的办学理念以及大学教师所持的系列观念（如学术观、教师观等）都会受西方影响而呈西方色彩。但在此之前，中国已有几千年的高等教育历史，也早已有自己独特的办学理念。另一方面，大学作为一种独特的社会组织，始终不能摆脱其所生存的传统文化的影响。传统文化一方面作为影响教学学术落实的障碍因素存在，另一方面也作为以上各种制度障碍存在的环境，对内外在制度障碍发生作用，使它们在不同的文化背景下分别呈现出不同的表征和样态。因此，教学学术在实践中难以落实，多少能从我国的传统文化中找到根源。也就是说，我国的传统文化是教学学术在大学中难以有效落实的重要内在制度障碍。

1）我国的传统学问观不利于教学学术的有效落实

"中学为内学，西学为外学；中学治身心，西学应世事。"（张之洞《劝学篇》）与西方对分析和逻辑的强调相比，中国古代更重整体的'悟'、重'术'、重'经验'；西方有"知识"，且更具动态性，即"知识"范型的转变。中国古代无"知识"，更多为人生智慧、处世与治国之"道"，且更具有稳定性。说其稳定，不在其内容，而在其范型，在于其对儒家经典的独特信仰。崇尚伦理、注重道德修养的儒家思想（尤其四书五经）一直是中国古代学问观的核心内容。而由作为学问主要内容的儒学以及儒学在古代学问中的核心地位的持久性中，我们多少可以看出中国古代学人对待学问的态度，即中国古代的学问观。

① 尊重历史。

是什么力量使中国古代的学问对儒学如此专一？笔者认为，除了儒学自身的魅力之外，更重要的还是我国学人对历史的尊重和敬仰。与其他国家相比，我国古代学人更乐忠于引经据典。一个人说话是否有力是否有理都在很大程度上取决于此人所引用的"证据"。这就是所谓我国源远流长的"文献传统"。[①] 与西方不同，在中国两千多年的古代文明中，人们判断学问的好坏以及水平的高低主要不是依据形而上学的标

---

① 谢维扬：《儒学对中国古代文献传统形成的贡献》，《上海师范大学学报（哲学社会科学版）》2010年第6期。

准，而是历史的标准。一种学问是不是可信，关键在于历史上有没有出处，是不是出自圣贤之口，或者得自于历史经验。正是这种文献传统决定了文献、历史成为我国古代社会主导的学问类型。在历史上的诸多文献中，儒家学问相对更为完备，因此，儒家学问便理所当然地成为众学人引经据典的重要依据。儒家经典尤其四书五经也最终成为我国古代学问的核心内容。

② 尊崇道德。

作为学问核心内容的儒家学问自然会对中国古代学问观发生作用，使其沾染儒学色彩。最突出的影响体现在我国古代学问对于道德的尊崇。儒学的主要原则在于"礼"、"仁"，正所谓"克己复礼为仁"、"仁者爱人"。从根本上说，儒学是一种道德哲学。

③ 价值取向立足于政治。

儒学是入世之学，强调经世致用。此致用与实际应用相比，更强调为国家政治服务。儒学在国家政治活动中具有重要的作用，甚至成为论证国家活动合理性乃至国家权利合法性的重要依据。学问是为政治服务的，是封建统治阶级维护其政权的工具。儒学所谓的道德、仁义从本质上说均为教化之术借以驯民，均为治国之术借以维政。中国古代学问对历史的尊重、对道德的尊崇这两种特性也均是衍生于政治的，是统治维持的必须。"'儒学'的起点是'做人'，终点是'做官'"[①]，这是对儒学政治属性的最好诠释。

2）我国的传统学术观不利于教学学术的有效落实

整体而言，以儒学为代表的中国古代学问是形而上的，这也决定了学术理解的形而上取向。在西方学术进入中国之前，中华民族有自己的学术，我们通常把这种生于传统社会的学术称为传统学术。中华民族的传统学术建基于我国古代学问基础之上，具有别于西方学术的独特特性。

---

① 黎鸣著，贺雄飞主编：《老不死的传统——中国文化在世界中的真实位置》，华龄出版社2010年版，第1页。

不同于西方对于学术的整体式理解，我国对于学术更倾向于作分解式理解。《说文解字》释"学"曰"觉悟也"，释"术"曰"邑中道也"。"觉悟"更多的是在"发蒙"或"学习"的意义上释"学"；"邑中道"讲的是"路径"或"手段"。前者渐渐引申为学说、学问；后者渐渐引申为技能、技艺。学为形而上，主要以四书五经之类的儒学经典为其主要内容；术为形而下，主要指诸如手工艺等的奇巧淫技。术是学的延伸、是学的应用。学是术的根基，也是学术整体的根基。与儒家学问不同，教学活动、教学经验以及教学思想既不属于道德范畴，也不属于政治范畴，更不属于学人引经据典的范畴。因此，在我国的传统学术观下，教学仅能算作一种奇巧淫技而已，是术而非学。在以历史知识、道德知识为主的学问生态中，教学思想、教学智慧仅仅停留在经验总结的层面，而始终没能成为一种专门的学问，也没能成为历代教师、学者们探究的对象。这也是为什么我国从古至今只有教学思想、教学经验，而没有教育学的原因所在。

另外，我国的文献传统决定了古代学问中更多的是历史的考据而少见思想的论争。"由于西方的科学、理论研究的传统，西人对凡世间之事都要去求客观公认的知识，而使其成为'学'，'教育'当然也不例外。文艺复兴之后，又在实证科学的召唤声中，教育学跻身于各种学问之列。相对于西方传统，也许中国的重'悟'、重'术'、重'经验'的传统，使无数精妙绝伦的教育智慧、教育思想一直未能成'学'。""1894年中日甲午战争之后，在救亡图存、变法维新运动的感召下，经日本主要引进了'赫尔巴特教育学'；'新文化'运动前后，在输入了西方的'民主''科学'的同时，主要输入了'杜威教育学'。"[①] 从此时起，中国才得以拥有了教育之学、教学之学。

3）我国的传统大学教师观不利于教学学术的有效落实

在我国的传统观念中，教师往往被赋以道德家的形象定位，教师职业具有极强的官取向。

---

① 唐莹著：《元教育学》，人民教育出版社2002年版，第9页。

① 大学教师是道德家。

作为传递道德知识的人，教师也必然被赋予浓厚的道德色彩。教师是一种"道德主体"的存在，教师的专业形象是"道德家"。① 从古至今，我国社会对教师的要求总在道德上予以特别的重视。如当我们从社会层面来看待教师工作的时候，教师的角色往往被定义为"教学能手"加"道德楷模"，教师被放在一个高高在上的位置，甚至是神话了的讲坛上；教师应该是无所不知、无所不晓、尽善尽美的。这种对教师道德的强调也体现在我国历朝历代对教师的任职资格要求上。如蔡元培曾提出对教员的聘任要求为："热心教育、博学有名、道德高尚。"②

② 大学教师职业具有官取向。

我国的传统学术是以儒家思想为主导的学术，儒学问的入世性决定了学术的致用性（或称政治指向性）。从学术最早的含义中也可以看出我国传统学术的政治韵味。最初的学术曾被界定为对治国之术的学习，如"申不害者，京人也，故郑之贱臣。学术以干韩昭候"（《史记·老子韩非列传》）。"然护寡於学术，昵近羣小，威福在己，征伐自出，有人臣无君之心，为人主不堪之事，终於妻子为戮，身首横分，盖其宜也。"（《北史·宇文护传论》）学术的政治性决定了探究传播学术的教师与政治的不解之缘。事实上，我国最早的教师也的确是政府的官员，即所谓"官师合一"。"为天地立志，为生民立道，为去圣继绝学，为万世开太平"、"先天下之忧而忧，后天下之乐而乐"一直是我国古代知识分子的内在精神信仰和伟大抱负。③ 这种影响一直持续到今天，导致了高校的行政化色彩以及大学教师对行政权力的向往。在"权力信仰"和现有评价机制的双重刺激之下，大学教师势必会削减对教学的精力和时间投入。

4）"官本"的管理文化传统不利于教学学术的有效落实

受我国封建强权政治的影响，行政权力大于任何一种权力形式。管

---

① 魏建培：《儒学教师观》，《教师教育研究》2010年第1期。
② 徐辉，季诚钧等著：《大学教学概论》，浙江大学出版社2004年版，第6页。
③ ［宋］张载：《张子语录·中》，320。

理者以"得天下者"自居，管理成为权威的象征，表现为对他人的支配。管理者理所当然地被理解为"领导者"、"命令者"，处于主动和控制的地位，而被管理者则被理解为"服从者"、"命令执行者"，处于从属和被动的地位。这是一种"官本"的管理文化。受"官本"管理文化的影响，我国的高等教育管理一直奉行中央集权的管理体制。强权政治和集权文化的影响一直延伸到高校内部对各种事务的管理。教学的学术性程度不高，仅仅是一种学术形式。在西方尤其美国的大学中，由于学术权力大于行政权力，教学尚且被视为学术事务。而在中国，由于行政权力大于一切，就算是作为传统学术的科学研究活动也不能幸免于行政干预，位于学术边缘甚至学术范畴之外的的大学教学活动更是沦为了行政指画的对象。这就容易造成教学的事务化、行政化，大学教师作为被管理者，他们的自主权也必然缺失。

我国的诸种传统观念直接影响并决定了古代教师的教学职责体现为传道、授业、解惑，而缺少对教学本身的研究探索。这限制了大学教学学术性的彰显。

4. 障碍合力：影响大学教学学术的第三种力量

教学学术在实践中不能得以有效落实的原因既体现于内在制度层面的观念制约，也体现于外在制度层面的建制制约。其中，内在制度层面的观念主要来源于对传统的遗传和沿袭。外在制度是内在制度的外在化和实体化，是内在制度的体现。外在制度可以通过具体的行为实施及建制规约对内在制度予以强化，使之沿袭。只要外在制度不变，作为这种制度根基的内在制度就会继续存在。在一定程度上说，外在制度是内在制度得以持续存在和发展的实体保证。笔者在前文曾提起，两种制度形态相互作用产生的合力可能生成新的力量，成为教学学术思想得以有效落实的合力保障，但也可能成为教学学术思想有效落实的合力阻障，进一步成为除了外在制度、内在制度之外的阻碍教学学术有效落实的第三种力量。

第三种力量的形成及作用过程可以从内外在制度在教师心理层面发生作用而最终影响其抉择的过程中看出来。

对于教师的科研工作，学校会有各种奖励措施。首先，科研成果在聘任和晋升制度中占有很大比重。近几年，各高校对科研的要求不断加强。对于教师来讲，文章数量越多，质量越高，奖金就越多。而且除了物质奖励，科研成就本身对于学者们还有重大的精神激励效果。如果学者在国际会议、期刊或者被邀请作学术报告，他们就会有很大的声望满足感。因此，在大学尤其研究型大学中从事科研工作对教师来说是一件非常愉快也非常有成就感的事情。教师从事科研工作的动机来自两方面：一方面是作为学者的与生俱来的内在动机，另一方面是周围环境给予的外部动机。内外部动机共同激励并引发了教师从事科研工作的动力，从而更好地促进了教师在研究方面的专业成长。

对于教学，高校也有相关的奖励措施，但与科学研究相比少之又少，而且教师获得教学奖励的难度也比较大。另外，教师获得教学奖励的次数多少并不会对教师的发展有什么影响。我国现行的大学教学制度设置主要将其作为学术形式而非学术进行规约。因此，在没有足够的外部动机驱动的情况下，教师从事教学活动就需要有强大的内部动机支撑。这种内部动机主要源于教师所秉持的各种观念。大学教学在传统观念中地位低微、不是学术，教师心理层面用以支持教学的内部动机严重不足。这样，在内部动机不足，又严重缺乏外部动机的情况下，教师必然会忽视教学，无视教学学术。

综上所述，大学教学虽然在理论上是一种学术。但是，大学教学因其知识基础与科学知识的契合度不高导致其学术性在当今的科学知识型下彰显程度不高。大学教学学术在当下不具备实现条件，面临诸多制度障碍。

六 教学学术的制度保障

在理论层面,大学教学是一种学术。但受制于现有的制度环境,大学教学的学术性程度却不高,大学教学还不是一种学术。然而,大学教学的现状、高等教育的发展以及"教学学术"自身的强实践性却对教学学术产生了迫切需求。考虑到我国现行的有关制度体系中不利于教学学术思想落实的诸多因素,笔者认为若要保障教学学术思想在我国得以有效落实,需要对现有的制度体系进行调整变革乃至重新设计,为教学学术思想的有效落实提供制度平台。

1. 教学学术制度设计的基本原则

(1) 外在制度先行,内在制度紧随

与外在制度相比,内在制度是教学学术所面临的诸种障碍根源。因此,对内在制度作出调整和转变是根本。而以理念的突破和更新为先导,带动高等教育实践上的巨大变革也是目前现代高等教育发展的重要特征。因此,制度变革适宜由内在制度引领外在制度进行,由观念做引导进行渐进式变革。

然而,笔者认为,外在制度的转变与调整应是当下我们的首要任务。理由有二:首先,外在制度对内在制度有决定和外塑作用。一般而言,内在制度决定外在制度,但反之亦可。外在制度并非仅为内在制度

的外显的、实体化的结果,其自身还具有主观能动性,对内在制度具有反作用,表现为它对内在制度的维持和强化作用。从另一个方面看,"人们的教育观念本质上是由人们所处社会和教育结构所决定的"[①],"人们改变其行为发生在改变其信念之前。新的、具有正面效应的经历是其激发因素,特别当这些经历跟道德目标的实现密切相关时更是如此"[②]。因此,外在制度也决定内在制度。其次,外在制度先行源于现实的需要。我国大学教学现实对教学学术要求的紧迫性决定了由内在制度开始的渐进式变革是不能满足要求的。教学学术思想在我国的贯彻落实是一项刻不容缓的任务。外在制度对实践的影响较内在制度更为实在、也更为直接,对实践产生效应也更为快速。基于此,为保证教学学术思想尽快在我国得以落实,着手外在制度的调整和重塑应是首要之事。在对外在制度进行调整的同时,也要不断向广大大学管理者、大学教师进行教学学术观念渗透,以相应的内在制度为外在制度变革提供观念支持。

(2) 既要立足于学科,也要注意学科间的沟通;既要立足于本校,也要注意校际间的合作

强相对性是教学学术的基本特性之一。教学学术不仅具有学科差异性,也具有学校背景的差异性。对于教学学术的落实应既要考虑到对个性的尊重,更应注重对共性的支持,注重个性之间的沟通。教学学术的学科差异性决定了以学科为单位成为发展教学学术的一条重要路径。国外的教学学术发展实践也证实如此。从实践层面来看,国外对于教学学术的发展也确实从一开始便是源于各个学科的。但由于教学是各学科教师之间的共通行为,教学学术对于教学公共性的强调决定了跨学科发展

---

① 周兴国,李子华著:《高校教学管理机制研究》,安徽人民出版社2008年版,第74页。

② 操太圣,卢乃桂著:《伙伴协作与教师赋权——教师专业发展新视角》,教育科学出版社2007年版,第77页。

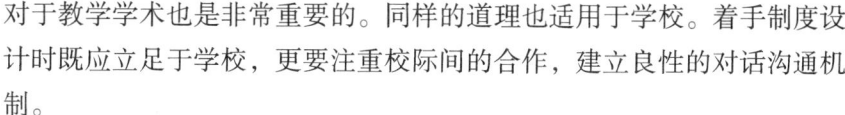

对于教学学术也是非常重要的。同样的道理也适用于学校。着手制度设计时既应立足于学校，更要注重校际间的合作，建立良性的对话沟通机制。

（3）既要立足于国情，积极借鉴国外经验；又要立足于校情，借鉴基础教育的经验

教学学术源自美国，从被提出至今已有20年之久，无论在理论层面还是实践层面，美国都已做了一些努力并取得了一定成效。为了更快更好地推进我国的教学学术发展，对美国的经验进行借鉴是非常有必要的。但由于国情不同，大学所生存的文化土壤存在较大差异。因此，在借鉴的同时，应注意结合本国国情予以调整变通，使其更适于、更利于我国的大学教学实践。与基础教育领域的教学活动相比，大学教学的学术化程度明显不足。虽然在基础教育中通常不说"学术"，但其教学的学术性程度已经很高了，诸如教师从事研究、交流的行为频度比较高，教学也有了一定的学术建制保障等等。同为教学，大学教学与中小学教学的本质是相通的。因此，在对大学教学制度进行调整与重构的时候，借鉴中小学教学的相应建制措施既必要又可行。

（4）既要借鉴专业学术的经验，也要立足于教学自身

虽然教学同科学研究一样同为大学的使命、大学教师的职责，但科学研究一直被认为是学术的全部，并随历史的积淀形成了比较完备的学术建制体系。大学教学作为学术家庭的新成员，我们在对其进行学术建制建设时可以对科学学术的建制体系予以借鉴。然而，教学学术不同于传统的科学学术，因此，在进行模仿的同时也应考虑到其特殊性，构建适应于大学教学自身特性的学术建制体系。

2. 教学学术的外在制度保障

教学学术在实践层面的外在制度障碍既体现于既有的学术建制环境，更体现于其自身的学术建制体系。基于此，笔者认为对教学学术予以保障的制度设计应体现在构建支持教学学术的建制环境和加强大学教学的学术建制建设两个方面。

（1）构建支持教学学术的建制环境

1）微观层面：构建支持教学学术的教师管理制度

① 建立平衡的资源分配制度。

资源分配方面，应适当增加教学资源的供给，做到学术资源分配的相对平衡。在有形资源方面，应注意以下几点。第一，适当提高课时费，增加一次性奖励金额，增加教学项目的数目，提高教学研究项目的级别；第二，适度减少申请教学立项的条件，降低教师申请的难度；第三，增加教学项目的单位经费，为教学研究、交流提供足够的经费支持；第四，为教学、教学学术提供专项基金支持，确立教学学术在已有学术范畴内获得基金支持的优先权。在无形资源方面，也应尽量做到各种学术的相互平衡，教师的教学发展机会尤为重要。如学校应为教师提供教学进修、教学互访等类似于"学术休假"的机会。为教师提供教学休假机会，为教师了解教学学术提供足够的时间支持。

② 建立适应于教学学术的大学学术评价制度。

学术评价制度的价值取向是对学术观的折射，是教师学术行为的风向标。现行的大学学术评价制度是在传统学术观下构建的，虽然言称包含教学评价，但教学在其中却不被当作学术评价。学术评价被窄化为科研评价，这不利于教学学术思想的落实。大学教学作为一种学术，需要学术环境的支持和肯定。因此，有必要以大学术观重塑学术评价制度。

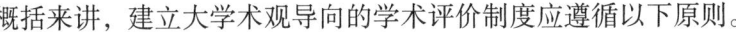

概括来讲,建立大学术观导向的学术评价制度应遵循以下原则。

第一,同一性原则。

所谓同一性原则,即要求在大学学术评价制度中应做到对诸种学术类型的平等对待,这是对不同学术类型的共性的强调。现代学术观认为学术有四种类型,不仅发现是学术,应用、整合、教学等活动也均属于学术的范畴。对于这些活动的评价也均应以学术为标准进行。就大学教学而言,应将大学教学评价真正列入学术评价的范畴。如在大学教师的职称评聘制度方面,不应仅注重教学工作量的考核,也不应对教学工作仅以含糊其辞的语词描述,而应将大学教学作为一种学术活动加以明确指称,将教学的学术成分细化并在评聘文件中予以体现。教师对于不同等级资格的获取,除了应在专业学术上达到一定要求,在教学学术上也应达到相应的水平。做到教学的学术性工作与教师的切身利益相挂钩,通过挂钩实现对教师教学工作积极性的激发,提高教学工作质量。比如将老教师对新任教师或研究生教学实践的指导工作作为教师职称评聘制度中的一个要求。

第二,差异性原则。

所谓差异性原则,即要求大学学术评价应考虑教师之间的个体差异,这是对学术评价实施过程的个性的强调,强调评价的分类分阶段性。其中,"阶段"是时间概念,指学术评价应对处于不同发展阶段的教师分别采取相应的评价标准。罗杰·德温(Roger Baldwin)和罗伯特·莱克伯恩(Robert Blackbum)引用心理学家丹尼尔·维森(Daniel Levinson)著作中的话,把成人生活分成稳定和转变两个阶段。"在稳定阶段,成人追求相当明确的目标。但到一定阶段,人应当重新安排自己的重心,改变行为,以补偿被自我所忽视的方面(如未竟的愿望、新产生的兴趣)。"[①]埃里克·里克森(Erik Erikson)则从另一个角度来看生活模式,他把成人的中年阶段说成是一个"生存活力"与"消极

---

① University of California, "Lower Division Education in the University of California," A Report from the Task Force on Lower Division Education, June 1986.

停滞"相互竞争的时期。埃里克森指出,生存活力火花常由新的重心、更大意义上的关注和达到、分享及占有的愿望引出,另一方面,消极停滞则来自孤独的情感,以为自己的工作无多大意义的看法。[1]可见人是发展着的、多元的和多维度的,突出体现在人的发展的阶段性,人在其每个阶段都会有不同的兴趣点。换句话说,成人的发展,无论哪一个方面,都有自己的"季节"。"类"是空间概念,指学术评价应针对不同角色定位、不同学科专业、不同研究领域的教师分别采取不同的评价标准。正因为发展"季节"的不同,在同一时期,每个教师的发展重点也有所不同。这就决定了学术评价应依据教师角色定位而适时作出调整。与此相比,更为重要的是不同学科、不同研究领域的教师之间的差别。在如今的科学知识型下,每一个学科甚至每一个研究领域都对应于一套专门的知识体系、方法体系和培养体系。这也决定了其学术评价体系的差异性。

根据成人发展的阶段性特点,我们具体可以采用"创造性合同"[2]的办法。教师可以根据自己的兴趣点来确定目前的工作领域,并同学校签订这一阶段工作的合同。学校可针对教授的这一阶段工作表现对其进行合同评价。合同可以将自己的工作重心定位于某一方面。当教授完成这一工作领域的任务,兴趣有所转移,便可重新确定工作重心,再与学校签订合同。在创造性合同的运用中,学校对教师的工作重心应采用最高标准进行评价,对于其他工作则采用稍低甚至最基本的标准进行评价。这种"创造性合同"的评价方式既照顾了不同发展阶段教师的特点,也照顾了不同能力、不同兴趣教师的需要。教授们可以充分根据自己的精力状况灵活转移学术工作重点,从而使原本冲突的教学、科研和

---

[1] 国家教育发展研究中心:《发达国家教育改革的动向和趋势(第五集)——日本、英国、联邦德国、美国、俄罗斯教育改革文件和报告选编》,人民教育出版社1994年版,第49—50页。

[2] 国家教育发展研究中心:《发达国家教育改革的动向和趋势(第五集)——日本、英国、联邦德国、美国、俄罗斯教育改革文件和报告选编》,人民教育出版社1994年版,第55页。

社会服务三项任务能够和谐相处,这同样也为各种学术活动,包括教学学术保留了充分的发展空间。

此外,还应对现有的期刊评价标准作出变革,重新制定适应于现代学术观的期刊分类标准。

然而,多元化的创造性合同需要多元化的教师管理制度予以保证。因此,为保证教学学术的有效落实,还应注重大学教师角色管理制度的调整。

③ 完善大学教师的角色管理

正如美国著名教育家弗莱克斯纳(Abraham Flexner)所言:"有创见的思想家和研究者并不是大学教授的唯一类型。他们向来是杰出人物,其影响通常也是最深远的。但即使是大学,尤其是现代大学,也需要并使用不同类型的人——有的教师对学问的贡献作用有限,但善于激励学生,或善于将其他人的研究成果融会贯通。"[1]基于此,笔者认为学校应当依据教师与学校所签订的"创造性合同",明确教师各自的角色、定位。改变以往的单一化管理方式,对教师进行分类定位、分类管理,依据其学术工作的类别将教师群体划分为教学类、科研类等等。具体到教师到底该归哪一类型,则由教师根据自己的能力倾向以及不同时间段的兴趣、时间以及精力分配进行自我定位,统一报由学校相关部门进行登记管理,以作为学术评价的身份依据。每一次定位都应有一定的周期。对教师进行分类管理不仅可以帮助教师明确自身的角色定位,还可以帮助教师减少其角色上的冲突与矛盾。

2)宏观层面:构建支持教学学术的大学管理制度

为了对教学学术提供制度环境保障,笔者认为除了应对学校层面的制度予以变革外,还应对学校外部的大学管理制度予以适应性变革。变革的关键在于大学术观对管理理念的渗透,在于以大学术观引领大学管理制度的调整。通过观念的渗透和制度的调整为学校制度环境的变革提

---

[1] [美]弗莱克斯纳:《现代大学论——美英德大学研究》,徐辉,陈晓菲译,浙江教育出版社2001年版,第5页。

供保障。其中，大学评价制度是核心。

大学评价是大学管理的方向和指南，因此，大学评价制度的变革在很大程度上可被视为大学内部管理制度改革的保障，是其改革得以成功的保证。以大学术观引领大学评价制度的变革，就要做到教学的学术化和评价的差异化。教学的学术化体现在大学评价的价值取向、指标设计的学术化。要将教学以学术的身份对待，由技术取向转变为学术取向；指标设计应体现教学的学术性，做到像评价科研活动那样评价大学教学。通过教学的学术化改革，学校名次的前后不再仅仅取决于科研实力，同样也取决于教学的学术性水平。大学的使命不同，定位不同，其工作的侧重点也会有所不同。因此，对大学的评价不能"一刀切"，而应注重差异性，分类对待。这就决定了评价差异化的必要性。具体可以有两种措施：其一，可以对不同类型的大学采用不同的评价指标体系，调整教学、科研活动在评价指标内容中的比例和学术性成分；其二，对同一指标体系下的评价结果，依据学校的类型进行分类解释，增加评价的针对性。

在大学评价制度变革的基础上，进一步以大学术观引领大学分类理念的变革。在传统学术观影响下，原本大学分类中的"研究型"、"研究教学型"不免因带有"研究"二字而在等级地位上高于"教学型"大学。研究型大学成为模范大学，容易引发大学定位不准、办学趋同的问题。这些问题在教学型大学更为突出，直接影响了大学教学工作的正常开展。大学术观主张教学也是学术，研究和教学地位平等。原本与"研究沾边"的大学与教学型大学地位平等，不分高下。大学术观下的大学分类仅仅是类别之差异，而再无等级之差别。大学定位的明确是大学内各种使命得以明确的前提，明确的定位能在很大程度上避免高校办学的趋同，更有助于大学各司其职，有助于大学内部各种职能的稳步进行。

（2）加强大学教学的学术建制建设

为保障教学学术在实践层面得以有效落实，支持性的制度环境是必

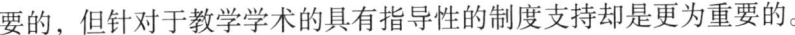

要的,但针对于教学学术的具有指导性的制度支持却是更为重要的。

1) 建立完备的教学学术人才教育制度

人才是学术得以持续的保证。当前,相对于中小学教学、相对于科学研究,我国的大学教学、教学学术人才极度欠缺。缺少完备的人才教育制度是教学学术难以有效落实的根源。因此,为保障教学学术在我国得以有效落实,建设相应的大学教学学术人才教育制度是关键。对教学学术人才的教育培养应贯穿于大学教师专业发展的始终:入职前期、入职初期和入职后期。

① 入职前期。

目前,我国大学教师主要来源于各大学尤其研究型大学的博士研究生,博士研究生教育阶段可被认为是大学教师发展的职前阶段。职前阶段对于教师发展尤其教学观念的养成具有奠基作用,这一阶段可被视为教学学术人才教育的关键期。当下,我国的博士研究生教育在各个方面、各个环节都缺少对大学教学、教学学术的观照。针对当下博士研究生教育中诸多不利于大学教学、教学学术人才培养的问题,笔者认为应对之作出几方面调整。

第一,修订博士研究生教育的培养目标。

与传统的单一性的学术观相一致,当下的研究生培养目标也较为单一,仅局限于科学人才的培养,与大学教师实际职业行为不符。目标是导向,为保证研究生教育有一个正确的方向,首当其冲的一点便是要修正既有的研究生培养目标。要用大学术观引领培养目标的重新设置,真正做到培养目标与教师职业相一致。既要抓好科学研究人才的培养,更要抓好其他学术能力,如教学研究、教学技能以及社会服务意识及能力的培养。

第二,改革博士研究生教育的课程设置。

职前教育的一个重要方面便是教学学术观念的建立和养成。而课程教学是学生观念得以养成的一条重要通道。针对于此,高校可在研究生教育阶段就开设一定数量的教育学、教学法、心理学课程。课程可由该学科内有丰富教学经验的教师以及相关的教师发展专家担任。认识到大学教学的复杂性和探究性，培养他们的教学研究能力。这类课程可为将来有志于从事大学教师的学生提供相应的资源。帮助学生丰富教育理论知识，树立教学学术观念。此外，还应注重实践课程的开设，为学生提供适量的实习机会。具体可以采取"学徒式"教学方式，让那些有意成为高校教师的学生接受教学指导和训练。通过教学实习，使其教育教学能力得到充分的锻炼。

第三，改革博士研究生教育的教学方式。

目前，大部分博士研究生的课堂教学仍以"灌输式"讲授为主。这不仅不利于提高博士研究生的科研创新能力，更不利于养成博士研究生的教育观念及教学能力。为了使博士研究生的教育教学能力得到更好地提升，笔者认为可在既有的博士生教育环节中适当增加教学实践和实习的机会。在这方面，我国的高等教育学鼻祖潘懋元先生为我们作出了典范。潘先生在长期的博士研究生教育教学过程中总结出了独特的"学习——研究——教学实践相结合的研究生课程"教学法。他要求教师在课堂中将任务、科研训练和教学实习三方面有机地结合起来。通过这一途径，研究生不仅通过深入研究一个或几个课题，培养了较强的科研能力。同时，研究生通过将研究成果在课堂上作出汇报并主持课堂讨论这一交流活动也锻炼了他们课堂教学能力，积累了课堂教学经验。①

第四，改革博士研究生教育的考核方式。

考核是教育的指挥棒。对考核制度的变革是博士研究生教育改革的关键之举。博士研究生教育中的考核具体体现为日常考核和毕业考核两个方面，而论文是其中的一个重要方面。就日常考核来说，学校应适当放宽所规定的期刊论文范围，将教学类期刊也纳入其中。就毕业考核来说，可允许学生对专业领域的教学问题作出专门研究，并给予同专业研究一样的指导。既可以丰富扩展既有学科的教育教学知识，又可以进一步培养学生的教学研究能力。

---

① 殷小平，游玉华：《谈潘懋元教授的博士生培养之道》，《西安交通大学学报（社会科学版）》2007年第5期。

② 入职初期。

为保障教学学术思想在大学中得以有效落实，笔者认为应对现有的岗前培训制度作出如下几方面的改革。首先，理论联系实践。在培训中增加教学实践的机会。有必要采取师徒制的教授方式，安排有经验的大学教师对新任教师就教学技能予以指导。在条件具备的情况下，这种指导可以延续到新任教师工作后的一段时间，以此来保证其基本的教学实践水平。其次，加强教育学理论的学习。有必要延长理论课的授课时间，注意教师对理论知识的内化吸收。同时还应对培训教材及时作出更新，不断以新的教育思想理念对其作出充实，保证培训内容的前沿性。最后，加强对新任教师教学研究能力的训练。在培训过程中，不仅应注重外在理论的灌输，还应注重对教师教学研究能力的训练，提升教师钻研反思教学以及生产教育知识的能力。

③ 入职后期。

第一，进行教学学术教育。

观念决定行为。"教师对大学教学学术性的认识程度，对发展教学学术所持的态度，会带入他们的实际教学工作中去并左右其教学学术发展。也就是说，教师对教学学术的认识和理解程度将直接影响他们是否致力于提升教学学术水平。"①因此，学校可以采取周期讲座的形式，聘请国内外教学学术理论专家来学校做讲座，向在职教师传播新的教学理念。通过这种形式，逐步扭转大学管理者及大学教师的传统教学观，激发他们的教学研究意识。使他们认识到大学教学的学术性，提升他们对大学教学的重视程度，最终影响他们的教学实践，为教学学术的有效落实提供观念支持。

第二，开展校本教学研究。

所谓校本教学研究，就是基于本校的教育目标、教育条件以及教育对象的独特性，依据教学学术的基本原理，由本校教师发起的针对各自

---

① 姚利民，蒌珊珊，郑银华：《大学教师成为教学学术型教师之路经探讨》，《大学教育科学》2006年第5期。

学科教学的研究和探讨。例如可以举办学科教学研讨会，集中同一学科或者不同学科的所有教师，就各自在教学中的经验和问题作出讨论和交流，取长补短，这有助于青年教师提高自身的教学业务水平，促进自身成长，提高大学教学质量。

2) 构建完善的大学教学评价制度

评价是导向，大学教学评价的价值导向决定大学教学在大学众主体心目中的身份定位。大学教学对于学术定位的达成，除了需要周围的环境支持外，更需要大学教学评价制度自身的学术认定。而这里所说的大学教学评价既包括宏观层次的本科教学水平评估制度，也包括学校内部层面的大学教学评价制度。将教学以学术身份定位，这一价值导向势必对过去技术定位的教学评价制度带来挑战。影响波及大学教学评价制度的各个方面，包括评价主体、评价形式以及评价内容等等。具体来说，构建适应于教学学术的教学评价制度应注意以下几个方面的原则。

① 评价标准的差异性。

教学学术并非每个教师都要达到，也并非教师一生都要从事的活动。但它却应该作为大学教师从事教学活动的目标追求。教学学术是一种教学层次观。大学教学是分层次、分水平的，这就决定了基于教学学术的大学教学评价制度应是差异性的评价。而知识、研究、交流和自主这四个维度是学术水平差异性的主要来源。依据四种学术成分在教师教学中的彰显程度，笔者将大学教学划分为非学术性教学、学术性教学和教学学术三种水平。具体来说，这三者可以作为教学评价的一级指标。并继而在其下进行二级指标的细分。例如，可将研究维度细分为教学经验总结报告的撰写和教学研究论文的撰写。可将交流维度细分为教学交流会、听课评课的频次及反响、教学总结报告公开展示的频次及质量、教学论文发表的数量及质量等方面。以教学学术为最高标准的分层次、差异性评价，不仅为教师提出了教学学术的标准，而且关注到了不同类型教师的能力和需求。

② 评价方式的多样化。

评价的内容决定评价的方式。大学教学的层次性必然要求评价方式的多样化。首先，定量评价与定性评价相结合。定量评价可以做到对教学中技术成分的衡量，而定性评价则可以做到对教学中学术成分的考量。两种评价方式相结合，既保证了评价的高效率，又保证了评价的全面性，使评价更适于大学教学自身的特点。其次，形成性评价与诊断式评价相结合。当前各大学对于教学的评价方式多以诊断式或终结式评价为主，注重结果，而忽视了过程。评价的功能指向于最终的判断以及决策的依据，缺少对教师的指导和反馈。然而，教学作为一种学术活动，更强调评价对教师学术能力成长的促进作用。对于作为一种学术的大学教学，就应该以一种学术的方式对其作出评价。

③ 同行参与，重视教师自评。

同行参与评价，对于教学学术的有效落实既是合理的也是必要的。首先，同行评价是对传统学术作出评价的主要方式，教学学术作为学术的一种形式可以对之予以借鉴，同行评价对于大学教学评价具有合理性。其次，教学的学术特性决定了对大学教学进行同行评价的必要性。现行的大学教学评价主体多为管理人员，还有学生，基本属于外行评价内行。由于对教学学术特性的不了解，看不到教学的学术性、复杂性，这势必容易造成教学的行政化、技术化。同行参与大学教学评价，有助于发现教学的学术性，能够真正做到从学术的角度对大学教学进行评价。最后，教学学术主张教学成为"公共财富"，强调教师的教学交流。同行评价的常见方式是互相听课、评课，这也是教师教学交流的主要方式，通过同行参与教学评价，大大提高了教学交流的频度，有助于提高教学的开放度。因此，同行评价应作为教学评价的一种重要方式。

此外，由于反思研究是教学学术的关键维度，而自评是教师进行自我批判、自我反省的有效渠道。通过鼓励教师自评教学，为其提供了对自己的教学活动作出自我反思、自我探究的条件和机会，在一定程度上是对教师教学学术行为的鼓励。因此，教师自身也应成为评价的重要主体，自评应成为教学评价的主要方式。

④ 评价对象的广泛性。

教学学术对教学的强调不仅仅在课堂，教师围绕课堂进行的一系列工作都应被划入教学评价的范畴。当下,我国大学教学评价范围仅局限于课堂,这也是教师教学准备工作形式化的一个重要原因。基于此,势必应扩大大学教学的评价范围。如将教师的教学准备工作涵括于内,具体体现为对教学大纲的撰写情况、备课情况等方面。此外,大学教师对新任教师的指导工作也应划入此列。在扩展了范围的大学教学评价制度下,不仅仅课堂研究和创新是学术成果,课堂之前的备课、教学大纲的撰写,课后的教学总结以及对新任教师的指导,只要有了创新性成果,符合学术的要求,都应被视为教学学术的成果而受到重视。通过扩展评价范围,教师的教学总结报告等成果得到了认定。这就可以避免教师因"涉及知识产权,不愿将其公开"的尴尬,为教师的教学交流去除了后顾之忧。

3) 以教学学术观念引领我国大学教学管理制度的变革

① 转变管理方式,进一步下放自主权。

受宏观管理体制的影响,我国目前的大学教学管理呈明显的行政化和集权化色彩,导致教师在教学中缺少相应的自主权,教学也相应沦为行政性事务。教学需要自由,教学学术更需要教师享有一定的教学自主权。一方面,应将中央政府的相关权利进一步下放至高校;另一方面应将高校管理层的相关权利进一步下放至教师。

② 反向设计教学规范。

显性的教学规范对教学进行了详尽的规定,对教学提出了各式各样的要求,同时为教师的教学提供了标准和样板。如果处理不好,这种规定则会涉嫌干涉教师的教学自由,无益于教师教学创造性的发挥。为了更好地保障教师的教学自由,赋予教师教学自主权,反向设计教学规范是一个必要而且可行的办法。即"只提出教师不得违背的基本准则,无须对教师要做的每一件事都作详细规定。同时,要通过制度的重新设计让教师明白,符合规定只是对教学行为的基本要求,在此之外还有很大的创造空间。"[①]教学要自由、教师教学要自主,不是不需要制度规

---

① 罗祖兵:《教学自由:"消极"一点又何妨》,《教育科学研究》2010 年第 5 期。

定,而是以一定的制度为前提。自由是制度规定下的自由。

4) 构建完善的大学教学学术共同体

考虑到教学学术的相对性,笔者认为应从以下两个大方面、四个小方面着手建设大学教学学术共同体。

① 基于学科专业的教学学术共同体构建——重建教研室。

教研室是我国高校学习苏联的产物,是以课程或专业为单位、由相同或相近课程的教师组成的教学组织。其最初的名称是教学研究指导组,是我国大学中最基层的教学管理制度。主要职责包括:"讨论、研究、制定和实施本组课程的教学计划与教学大纲;收集有关教学资料,编写教材;研讨教学过程中发生的问题,交流教学经验和切磋教学方法。"[1]从其职责范围看,教研室可以被看作是教学学术在我国高等教育实践界存在的雏形。近年,受高等教育发展多科取向的影响,教研室在我国的部分高校中已被取消或被弱视。教研室本身也有很多运行管理方面的问题。为了给教师提供沟通交流的组织平台,督促教师从事教学研究,为了促使教师教学由个体化向集体化转变,并在院系的范围内形成教学学术氛围,笔者认为有必要重建教研室。应对挑战,高校应该做的不应仅仅应是简单地撤销,更应该考虑各种情况进行适应性地调整。

② 跨学科的教学学术共同体构建。

跨学科研究很重要,跨学科的教学学术研究能够为学科之间提供新的合作机会。通过教学思想的联结、共享,学科之间的沟通对话变得更为便捷和顺畅。但是,跨学科的研究存在很多困难。首先,各学科对教学学术的理解存在差异。这种差异体现在诸如对教学学术概念的理解、问题的选取以及关注问题的角度等方面。其次,各学科教师的时间安排往往存在冲突。这些都会提升跨学科教学学术研究的难度。为了使跨学科教师的交流变得更有组织可依,笔者认为高校可以成立专门的教学支

---

[1] 上海市高等教育局研究室等:《中华人民共和国建国以来高等教育重要文献编选》(上),转引自:胡建华:《现代中国大学制度的原点:50年代初期的大学改革》,南京师范大学出版社2001年版,第252页。

持中心。另外，还可以通过创办校园简报、期刊或年刊以及建立教学学术主题的网站等措施，为教师从事教学学术提供交流平台以及相关的信息资源支持。

③ 跨学校的教学学术共同体构建。

虽然教学学术具有强的学科色彩，并且受制于特定学校环境而呈现出不同的特点。但它更是一种强综合性的活动，是一种跨学科、跨学校的全国、国际范围的活动。因此，除了应注重学科、学校范围内的教学学术发展，更应该注重跨学科、跨学校、跨国家范围的教学学术制度保障建设。具体来说，致力于教学学术发展的学术阵地主要体现为教学学术学会的成立、以教学学术为主题的期刊的创办等等。学会不仅体现在学科范围内，而且还应超越学科自身，建立地区性的、全国性的乃至国际范围的教学学术学会。通过学会、期刊等学术阵地的建立，积极开展各种形式的学术活动，诸如各种范围和形式的学术讨论会、专题讨论会等学术交流。广大教师因此可以获得展现自己教学研究成果、交流和学习教学思想的机会。通过教学学术阵地以及各种学术活动的开展，促进大学教师之间的沟通，促进大学教学公共性的提升，使大学教学真正成为一种"公共财富"。

3. 教学学术的内在制度保障

对教学学术能否有效落实起决定作用的因素，除了前文所述的外在制度环境，各类主体的观念也会影响制度、政策的执行效果。其中，高校管理者所持的观念对教学学术能否有效落实影响最大。他们在多大程度上接纳教学学术，对教学学术持何种态度，将直接影响相关政策、制度执行的可能性和力度。与外在制度的影响相比，内在制度的影响是更为根本性的，也是意义更为深远的。因此，加强教学学术的内在制度保障建设，致力于扭转高校内各主体尤其大学教师的观念，营造适应于教

教学学术的制度保障

学学术的文化氛围是非常有必要的。

(1) 确定适应教学学术的学校使命

使命作为学术观的外显形式，是高校办学价值定位的反映。所以，使命的陈述对于学校文化氛围的定位显得尤为重要。虽然我国高校近年来也开始陆续制定自己的高校使命，然而大多数高校的使命均差别不大，而且其使命仅仅用于正式的评估等检查之用。即使命的功能多指向外部，指向对自己的证明，很少表现出其对内部教师、管理人员的作用。因此，若要保障教学学术在我国得以有效落实，高校应做两方面的努力：一方面，高校应使使命与新的学术观相互配合，制定有利于教学学术的高校使命；另一方面，高校应让使命积极实现其到实践的转化，真正发挥其应有的指导作用，发挥它在学校文化构建养成中的关键作用。

(2) 加强大学教学研究

知识是学术诸维度中的根本。目前，国内关于大学教学的研究尚显不足。就已有的大学教学理论研究来说，存在重理论轻实践的问题。教学知识尤其强实践性知识的不足是大学教学学术性程度不高的重要表现，同时也是这种不足决定了大学教学学术性的彰显程度不高。因此，为了保障教学学术思想能够在我国的大学中得以有效落实，首要的任务便是要加强大学教学研究，丰富既有的大学教学理论，同时注意理论研究的实践导向。具体应该注意以下几点：首先，高等教育理论界应将关注重心更多地转向大学内部，转向更为微观的问题，如教学方法、教学模式等方面。其次，应鼓励大学一线教师积极参与教学研究。这点对大学教学理论本身的丰富发展非常重要。因为实践是理论的重要来源，而大学教师正是教学实践的亲历者。鼓励大学教师成为行动研究者正是教学学术思想的重要内涵之一。大学教师成为教学的行动研究者不仅可以改善既有教育理论研究重理论轻实践的极端倾向，有助于增加教育理论的实践性，而且还可以通过让大学教师成为行动研究者保证教学学术思想的有效落实。

（3）明晰教学学术理论

理论是实践的基础，同时也为实践提供思想指引。教学学术理论是教学学术思想在实践中得以落实的重要依据。当前，教学学术理论正处于起步阶段，已有的教学学术理论尚存在诸多不清晰的地方。学术界在教学学术问题域中的若干重要概念和思想上存有争议，如对教学学术的内涵、教学学术的评价标准等方面都缺乏相对明确的认识。教学学术理论上的模糊不清已影响了教学学术实践的推进。因此，为了保障教学学术能够在我国的大学中得以有效落实，进一步明晰教学学术理论是非常有必要的。

七 结 语

美国高等教育的实践经验告诉我们,"教学学术"对于解决大学教学实践中的诸种问题、提升大学教学的地位、改善大学教学的质量具有非常重要的意义和价值。基于对我国大学教学诸多质量问题以及教学学术思想之于我国高等教育环境的适切性考虑,将"教学学术"引入我国不仅必要而且可行。教学学术具有很强的实践属性,这一实践属性同我国大学教学的现实状况一起决定了将教学学术予以落实的紧迫性。因此,"如何在我国有效落实教学学术思想"这一问题应是首先要解决的理论问题。本论文围绕这一问题展开了系统研究。

1. 结论

(1) 学术的内涵

人们往往习惯于习惯、麻木于习惯。正如大学教师什么都研究,却很少研究教学一样,学者们也是什么都研究,却很少研究学术。然而,学术对于大学、对于高等教育研究却是非常重要的。因为它既是大学产生的基础,也是大学存在的依据。笔者认为学术包括内容(高深知识)、形式(保存、教学、研究、应用)和保障(自主)三个方面。其中,作为学术内容的高深知识是根本。因为它不仅决定学术的其他构成(形式和保障),而且也决定"学术"自身的动态性。高深知识作为知识的一个范畴，在不同时代的知识型中具有不同的内涵，并因此决定了学术的不同范畴以及学术形式和保障的系列差异。学术的构成又进一步决定了学术的特性：复杂性、专业性、研究性、创新性和自主性。

学术的构成与特性共同阐释并造就了学术，同时也共同成就了学术的判断标准。即，判断一种活动能否成为学术，依据在两个方面：具备学术的特性是学术在理论层面的标准。活动在实践中学术性的彰显程度是学术在实践层面的标准。活动的学术性在实践中主要通过知识、研究、交流和自主四个维度得以体现。

（2）"教学学术"的合理性

教学学术的英文表述是"scholarship of teaching"。单从词面来看，它有两重意思：其一为"scholarship about teaching"（关于教学的学术），其二为"teaching is a scholarship"（教学是学术）。结合教学学术的产生背景来看，笔者认为后者是教学学术的主要所指。即便如此，这也与传统观念产生了巨大差异。也因为此，"教学学术"一经提出便引来巨大争议。学者们纷纷质疑"教学学术"的合理性。笔者认为，合理性来自两个方面：一个是科学性；另一个是价值性。就教学学术而言，其科学性在于"教学学术"这一词语是否恰当，将教学称为学术是否可行；而其价值性则在于"教学学术"这一思想的意义何在。

就教学学术的引入和落实而言，首当其冲的问题便是对其科学性的证明。依据学术在理论层面的判断标准，大学教学具有复杂性、专业性、研究性、交流性等学术的基本特性，大学教学是一种学术。

另外，美国的实践经验以及教学学术的内涵赋予了教学学术这一思想独特的实践意义，也就是它的价值性所在。教学学术思想的价值具体体现为：对大学教学实践具有重要的指导意义、有助于大学教师的专业发展、有助于增强大学的凝聚力、是调和教学与科研矛盾的新角度等等。

(3)"教学学术"的内涵

从词面来看,教学学术具有双重身份,具有强相对性。首先,教学学术是一种学术类型,代表了一种新的大学学术观;其次,教学学术是一种教学水平,代表了一种新的大学教学观。作为一种学术,教学学术具备一般学术的四个维度:知识、研究、交流和自主,同其他学术形式一起构成现代学术生态,彼此相互承接、相互并列又相互包含。教学学术既作为一种环节存在于其他各种学术类型之中,其本身也作为一种学术过程包含其他作为学术环节的各学术类型。然而,现代学术生态中的共生不仅是彼此依赖,更是彼此相异,也正是彼此的差异性决定了它们共生的和谐。这种差异在教学学术与专业学术之间表现得更为明显。因为专业学术是传统学术的全部内涵,而教学学术则是新学术观的代表,二者对比强烈。因此,能从比较中实现对教学学术的更为清晰的认识。教学学术与专业学术的相同点在于它们都拥有学术的四个维度,同样,它们的不同点也在于学术的四个维度。即它们共同拥有知识、研究、交流和自主,但却拥有不一样的知识、研究、交流和自主。在不同中体现出了教学学术的独特性。然而,这种独特性来自于何处呢?笔者认为来自于教学学术的内容(知识维度),即教育理论知识和教学实践知识。从根本上来说,其独特性来自于大学教学实践自身。也因此,笔者认为教学学术是一种大学教学水平。依据学术在实践层面的判断标准,即学术性在实践中的彰显程度,大学教学可被划分为技术性教学、学术性教学和教学学术三种水平。教学学术是其中学术浓度最高的一种。在大学教学的整体中,我们实现了对教学学术的更为具体的认识,即教学学术包括学术性教学和教学学术化两个环节,它是教育理论和教学实践之间的重要沟通者。

(4)教学学术的实现及障碍

教学学术的实践属性及大学教学的现实境遇决定了对"如何落实教学学术思想"这一问题进行讨论的必要性。大学教师是教学学术思想的主要承载着和最终落实者。大学教师自身的观念、态度和素养将从根本上决定大学教学能否成为学术。然而，大学教师的观念、态度和素养并非与生俱来，而是受制于特定的制度环境，需要有特定的制度环境予以保障。具体来说，教学学术的实现得益于内在制度和外在制度两方面的保障。其中，内在制度保障是观念保障。具体体现在宏观层面的社会文化传统和微观层面的高校内部的学术观（学校整体、学校权力层、教师群体以及教师个体等各个层面的学术观）。外在制度保障是建制保障。具体体现在已有建制环境的保障以及大学教学自身的建制保障两个层面。

在理论上，大学教学是一种学术。然而，笔者通过调查发现，我国的大学教学普遍尚未达到教学学术的水平：教师知识结构失衡，教育理论知识水平普遍偏低；无意识研究居主导，教学知识生成率普遍偏低；教师教学趋于保守，教学交流频度普遍不高；大学教师的教学自主权普遍缺失。依据学术在实践层面的判断标准，我国大学教学在实践中的学术性彰显程度普遍不高，大学教学普遍处于非学术性教学的水平，尚未达到教学学术。教学学术在我国不具备实现条件，面临诸多制度障碍。既有的学术建制环境和大学教学自身的学术建制构成了教学学术的外在制度障碍。基于高深学问的传统学术观念和我国传统文化构成了教学学术的内在制度障碍。而外在制度和内在制度相互作用形成的合力障碍又严重束缚了教学学术思想的形成和教学学术制度保障的确立。

2. 创新与不足

（1）创新

1）笔者借论证教学学术的合理性这一机会，对学术的内涵作出了解析，明晰了学术的基本构成及其特性，并在此基础上构建了学术在理论层面和实践层面的判断标准。

2）本书依据教学学术的四个维度对我国的大学教学现状作了实证调查，从学术的角度了解了我国大学教学的水平现状。在此基础上对大学教学学术的障碍因素作了系统剖析，并进一步为构建适应于教学学术思想的制度体系提供了原则和建议。

3）本书对大学教学水平作了新的划分，依据教学活动中学术性的彰显程度将大学教学水平划分为非学术性教学、学术性教学和教学学术三种。

（2）不足

1）教学学术的合理性论证不足。

"教学学术的合理性"这一问题涉及层面非常广，对它的论证需要有扎实的哲学功底。由于笔者的能力所限，本书对教学学术的合理性论证不够系统、不够深入。

2）教学学术的理论阐释较为片面。

正如舒尔曼所认为的，教学学术既包括教的学术，也包括学的学术。教指向于学，对学生学习状况的改善是教学学术的最终目的所在。因此，学的学术是二者之中更为重要的。然而，由于笔者的兴趣及精力所限，本书仅对教师教的学术作出阐释，而没有关注学生学的学术。

3）问卷调查的过程存在不足。

由于笔者第一次设计问卷，经验不足，问卷整体较为粗糙，存在许多问题。比如，问卷中变量的数目不够，影响了对教学学术各维度考察的细致程度；问卷中答案的数目太少，影响了对答题者的心理及行为状况进行考量的精细程度；问卷中变量及答案的设计多停留于表面，缺乏对教育制度的深度挖掘。

致 谢

本书是在我的博士学位论文的基础上修改而成的。这一研究的顺利完成，得益于众多学者和学友的关心与帮助。

我的导师张应强教授品德高尚、博学多识，是一位非常具有浪漫情怀的学者，同时他也为人师表、诲人不倦，是一位非常具有人文关怀的老师，首先要感谢的人便是我的导师张应强教授。学生闻其盛名而投拜之。能成为张老师的学生是我的幸运。在跟随张老师读书的五年中，我曾多次态度不端，也曾多次粗心犯错，张老师都给予了包容，对此，我深感内疚。张老师是一个能够给学生信心，也能够给学生鼓励的老师，而这对于缺乏自信心的我来说已是莫大的激励和鼓舞。我自认基础薄弱、天资愚钝，张老师并没有因此而嫌弃我。张老师很忙，但他仍然对学生认真负责，从论文题目的选择到思路的确定，从开题报告到论文初稿，他都给予了详尽的建议和认真的修改，学生从中收获颇多。张老师不仅教会了我如何做学问，更在做人、做事上为我树立了榜样，教我成长。"一日为师，终身为父"，毕业之际，学生对恩师这五年对我的宽容、信任、鼓励和帮助感激不尽，铭记于心！

朱新卓老师曾是我的同门师兄，为人随和实在，学术态度端正严谨。五年中给予了我很大的帮助。从论文的选题、思路的确定，朱老师总会以他独特的眼光提出令人茅塞顿开的建议，对我启迪颇大。此外，感谢别敦荣老师、周艳老师、贾永堂老师、李太平老师、陈廷柱老师在开题报告会上为我提出的宝贵建议。感谢原资料室的江欣荣老师、夏薇老师，是他们为我们的研究提供了完备的资料源泉。感谢教育科学研究院的所有老师，正是在他们的教育和影响下为我的成长提供了养料支撑。

感谢我的同学谷志远，在临近毕业万分忙碌的情况下，不仅耐心地在问卷设计方面给了我详尽的指导和建议，而且还在 spss 的操作应用方面给予了我无限的帮助，非常感激。感谢同学汪祝华在问卷的设计中给我的帮助。感谢白萍师姐、方明军师姐在问卷的设计、修改方面的指导和帮助！感谢 2008 级硕士生王欧和石俊华、2010 级硕士生余彪以及社会学系的谭林丽在 spss 操作上对我的指导和帮助。感谢在问卷发放上帮助过我的各位朋友，他们是：张世隆、刘晓晶、张万波、程强、朱晓刚、张翼翔、程瑛、王平祥、索凯峰、张笑涛、魏晓燕、曾杨娉、梁宇、刘芳、潘华云、方华梁、熊华军。感谢南京大学、山东大学、东北大学以及复旦大学的热心老师，能够在百忙之中抽出时间回答我的问卷，并给我提出了诸多改进意见。

此外，还要感谢已毕业的同门彭红玉、李峻、胥秋在校期间对我的关怀和帮助。感谢我的同班同学，他们给了我家般的温暖，即将毕业，各奔东西，在此送上对各位的衷心祝福。

最后，感谢我的父亲和母亲。父亲、母亲虽年岁已高，却仍为我在外奔波劳累。这几年，正是他们的无私的支持和激励，我才得以顺利完成学业。而我却在象牙塔之中，悠闲自得，而未能陪伴身边以尽孝道，心中无限愧疚。

只因自己文笔拙劣，不能把自己的感激、愧疚之情全部表达出来。但我深知再精美的语言比起真实情感仍显苍白，因此，我决定在以后的日子里通过具体的行动以表达我的感激之情、平复我的愧疚之感！

宋　燕
2013 年 6 月 22 日

参考文献

中文文献：

[1]（美）欧内斯特·L. 博耶：《关于美国教育改革的演讲》，涂艳国、方彤译，教育科学出版社2002年版。

[2] 国家教育发展研究中心：《发达国家教育改革的动向和趋势（第五集）——日本、英国、联邦德国、美国、俄罗斯教育改革文件和报告选编》，人民教育出版社1994年版。

[3] [美] 约翰·S·布鲁贝克：《高等教育哲学》，王承绪等译，浙江教育出版社1987年版。

[4] [美] 克拉克：《高等教育系统》，王承绪译，杭州大学出版社1994年版。

[5] [美] 弗莱克斯纳：《现代大学论——美英德大学研究》，徐辉，陈晓菲译，浙江教育出版社2001年版。

[6] [美] 约翰·宾：《研究性学习》，张仁铎译，朱永新审校，江苏教育出版社2004年版。

[7] [美] 约翰·杜威：《我们怎样思维·经验与教育》，姜文闵译，人民教育出版社2005年版。

[8] [美]. Joanne M. Arhar Mary Louise Holly Wendy C. Kasten：《教师行动研究——教师发现之旅》，黄宇，陈晓霞，阎宝华等译，中国轻工业出版社2002年版。

[9] [英]. 阿什比：《科技发达时代的大学教育》，滕大春，滕大生译，人民教育出版社1983年版。

[10] [英] 马尔科姆·泰特：《高等教育研究进展与方法》，侯定凯译，北京大学出版社 2007 年版。

[11] 操太圣，卢乃桂著：《伙伴协作与教师赋权——教师专业发展新视角》，教育科学出版社 2007 年版。

[12] 陈伟著：《西方大学教师专业化》，北京大学出版社 2008 年版。

[13] 方福前：《对首届教学名师奖的分析与思考》，中国大学教学 2004 年第 3 期第 25 - 27 页。

[14] 方福前. 对本科基础课教学工作的若干思考 [J]. 中国大学教学，2006（6）：18 - 19

[15] 顾建民著：《自由与责任 西方大学终身教职制度研究》，浙江教育出版社 2007 年版。

[16] 贺国庆：《德国大学和美国大学发达史》，人民教育出版社 1998 年版。

[17] 姜勇，洪秀敏，庞丽娟著：《教师自主发展及其内在机制》，北京师范大学出版社 2009 年版。

[18] 黎鸣著，贺雄飞主编：《老不死的传统——中国文化在世界中的真实位置》，华龄出版社 2010 年版。

[19] 刘庆昌：《教育知识论》，山西教育出版社 2008 年版。

[20] 刘清华：《教师知识的模型建构研究》，中国社会科学出版社 2004 年版。

[21] 陆根书，于德弘：《学习风格与大学生自主学习》，西安交通大学出版社 2003 年版。

[22] 卢晓中：《当代世界高等教育理念及对中国的影响》，上海教育出版社 2001 年版。

[23] 马陆亭著：《高等学校的分层与管理》，广东教育出版社 2004 年版。

[24] 马骥雄主编：《战后美国教育研究》，江西教育出版社 1991 年版。

[25] 曲士培：《中国大学教育发展史》，北京大学出版社 2006 年版。

[26] 施良方，崔允：《教学理论：课堂教学的原理、策略与研究》，华东师范大学出版社 1999 年版。

[27] 石中英：《知识转型与教育改革》，教育科学出版社 2001 年版。

[28] 唐莹著：《元教育学》，人民教育出版社 2002 年版。

[29] 滕大春：《外国教育通史》（第一卷），山东教育出版社 1989 年版。

[30] 邢克超：《共性与个性——国际高等教育改革比较研究》，人民教育出版社 2004 年版。

[31] 张斌贤，刘慧珍：《西方高等教育哲学》，北京师范大学出版社 2007 年版。

[32] 周兴国，李子华著：《高校教学管理机制研究》，安徽人民出版社 2008 年版。

[33] 周作宇：《问题之源与方法之镜——元教育理论探索》，教育科学出版社 2000 年版。

[34] 綦珊珊：《论大学教师的教学学术》，湖南大学硕士学位论文 2005 年版。

[35] 王丹凤：《教学学术视角下的大学教师专业发展研究》，东北师范大学硕士学位论文 2008 年版。

[36] 姚利民：《有效教学研究》，华东师范大学博士学位论文 2004 年版。

[37] 陈洪捷：《论高深知识与高等教育》，《北京大学教育评论》2006 年第 4 期。

[38] 崔国富，陈贺：《加强教学学术管理 努力提高教学质量》，《吉林教育科学高教研究》1997 年第 3 期。

[39] 方学礼：《基于教学学术的大学教师职务评聘制度重构》，《教师教育研究》2010 年第 4 期。

［40］耿冰冰：《大学教师教学学术水平初探》，学位与研究生教育 2002（2-3）：60-63

［41］耿冰冰：《大学教师教学学术水平的内涵》，北京理工大学学报社会科学版. 2002（4）：17-18

［42］顾建民，董小燕：《美国高校的学术反思与学术评价》，高等教育研究 2002（2）：100-104

［43］龚放：《高等教育的本质特点不容忽视》，高等教育研究 1995（1）：22-26

［44］甘会斌：《大众学术：中国学术建制化的困境》，南京师大学报（社会科学版）2007 年第 6 期。

［45］胡育：《宗旨：促进人类的教学进步——美国卡内基教学促进基金会主席舒尔曼访谈录》，《教育发展研究》1999 年第 8 期。

［46］胡玲，傅旭东：《学术期刊学术评价功能的成因与机制研究》，《编辑学报》2008 年第 3 期。

［47］何晓芳，张贵新：《解析教师实践知识：内涵及其特性的考察》，《教师教育研究》2006 年第 3 期。

［48］蒋华：《博耶学术思想及其对高等教育的意义》，《高教发展与评估》2005 年第 1 期。

［49］孔令帅，马健生：《高校使命陈述是有用的吗——来自美国学者的研究》，《比较教育研究》2007 年第 6 期。

［50］李硕豪，代飚：《论教学的学术水平》，《煤炭高等教育》1998 年第 1 期。

［51］刘春宏，时伟：《大学教学管理制度的缺陷与对策——大学教学学术的视角》，《理工高教研究》2008 年第 2 期。

［52］刘小强，蒋善锋：《关于新世纪以来我国高等教育教学质量建设的反思》，《中国高教研究》2009 年第 11 期。

［53］刘亚瑜，姜灵芝：《浅议教师教学专业化》，《吉林省教育学院学报》2007 年第 12 期。

［54］刘宝存：《哈佛大学办学理念探析》，《外国教育研究》2003

年第1期。

［55］刘加霞，《申继亮. 国外教学反思内涵研究述评》，《比较教育研究》2003年第10期。

［56］刘则渊，韩震：《知识活动系统与大学知识管理》，大连理工大学学报（社会科学版）2003年第2期。

［57］李荷：《学术自由、知识与社会》，《清华大学教育研究》2010年第6期。

［58］李鸿：《对大学课堂教学情境理论的初步探索》，《现代教育科学》2003年第9期。

［59］李发伸：《高等学校教学改革的探索与思考》，《中国大学教学》2002年第10期。

［60］林崇德：《从教师的知识结构看师范教育的改革》，《高等师范教育研究》1999年第6期。

［61］罗祖兵：《教学自由："消极"一点又何妨》，《教育科学研究》2010年第5期。

［62］马万华，喻岳青：《目前大学教学改革中的一些实际问题》，《中国大学教学》2000年第2期。

［63］母小勇，朱宇波：《论"教育学术"视野中的教师教育》，《教育理论与实践》2004年第15期。

［64］［美］欧内斯特. L. 博耶：《学术的使命》，《中国大学教学》2004年第4期。

［65］綦珊珊，姚利民：《教学学术内涵初探》，《复旦教育论坛》，2004年第6期。

［66］孙纬君：《大学课堂——不可高枕无忧——由北京市大面积开展本科课堂教学检查引发的思考》，《中国高等教育》1999年第8期。

［67］石中英：《关注缄默知识深化教学改革》，《人民教育》2004年第3－4期。

［68］时伟：《大学教学的学术性及其强化策略》，《高等教育研究》2007年第5期。

［69］眭依凡：《大学使命：大学的定位理念及实践意义》，《教育发展研究》2000年第9期。

［70］唐智松：《青年教师教学、科研投入状态调查》，《高等师范教育研究》2001年第1期。

［71］田正平，吴民祥：《近代中国大学教师的资格检定与聘任》，《教育研究》2004年第10期。

［72］王洪飞，徐姣：《"80后"大学生的特点及其成长规律研究》，《沈阳航空工业学院学报》2009年第6期。

［73］王建华：《大学教师发展——"教学学术"的维度》，《现代大学教育》2007年第2期。

［74］王晓瑜：《大学教师发展教学学术的若干理论问题探究》，《教师教育研究》2009年第5期。

［75］王玉衡：《美国大学教学学术运动》，《清华大学教育研究》2006年第2期。

［76］王玉衡：《卡内基教学促进基金会：美国大学教学学术运动的推动者》，《大学·研究与评价》2008年第5期。

［77］王玉衡：《让教学成为共同的财富——舒尔曼大学教学学术思想解读》，《比较教育研究》2006年第5期。

［78］王玉衡：《试论大学教学学术运动》，《外国教育研究》2005年第12期。

［79］王义遒：《教学改革要发挥两个积极性提倡多样化》，《中国大学教学》2003年第12期。

［80］王义遒：《高等学校提高教学质量面临的挑战》，《中国大学教学》2007年第2期。

［81］王艳玲：《教师应该具备哪些知识——近20年来美国教学"知识基础"研究述评》，《外国中小学教育》2009年第8期。

［82］王芳，卢乃桂：《教学内容知识：教师教育中教学实践课程的重点》，《教育发展研究》2010年第2期。

［83］魏宏聚：《厄内斯特·博耶"教学学术"思想的内涵与启

示》，《全球教育展望》2009 年第 9 期。

［84］魏嵘，王玉芝：《我国高校教师奖励制度的实证研究》，《高教探索》2007 年第 3 期。

［85］魏建培：《儒学教师观》，《教师教育研究》2010 年第 1 期。

［86］武书连，吕嘉，郭石林：《2010 中国大学评价》，《科学学与科学技术管理》2010 年第 4 期。

［87］吴平，陈学敏：《论"教学型"教授——兼谈大学教学与科研关系》，《中国大学教学》2006 年第 6 期。

［88］夏学芳：《大学生研究性学习的价值及开展条件》，大学（研究与评价）2007 年第 9 期。

［89］谢维扬：《儒学对中国古代文献传统形成的贡献》，《上海师范大学学报（哲学社会科学版）》2010 年第 6 期。

［90］杨叔子：《转变为学术 定位在育人》，《理工高教研究》2002 年第 1 期。

［91］姚利民，綦珊珊：《论大学教学的学术性》，《高等理科教育》2005 年第 6 期。

［92］姚利民，郑银华：《高校教师教学研究现状与原因分析》，《高等理科教育》2007 年第 4 期。

［93］姚利民，康雯：《大学研究性教学现状与原因分析》，《中国大学教学》2009 年第 1 期。

［94］姚利民，成黎明：《期望与现实——大学教师教学现状调查分析》，《中国大学教学》2007 年第 3 期。

［95］姚利民，綦珊珊，郑银华：《大学教师成为教学学术型教师之路经探讨》，《大学教育科学》2006 年第 5 期。

［96］姚利民，綦珊珊，《教学学术型大学教师特征论》，《湖南大学学报（社会科学版）》2007 年第 5 期。

［97］殷小平，游玉华：《谈潘懋元教授的博士生培养之道》，《西安交通大学学报（社会科学版）》2007 年第 5 期。

［98］张意忠：《论大学教授的学术水平》，《宁波大学学报（教育

科学版)》2005 年第 4 期。

[99] 赵可,黎红中,朱生营:《卡耐基教学促进会的学术观及其影响》,《辽宁教育研究》2007 年第 5 期。

[100] 赵蒙成:《高校课程体系的文化学解读一个案例分析》,《现代大学教育》2003 年第 6 期。

[101] 郑丽君,王明德:《中美高校教学计划管理的比较研究》,《高等理科教育》2007 年第 1 期。

[102] 中华人民共和国教育部:《关于加强高等学校本科教学工作提高教学质量的若干意见》,《中国大学教学》2001 年第 6 期。

[103] 周远清:《高等教育要尽快进入以提高质量为中心的新的发展阶段》,《中国大学教学》2005 年第 7 期。

[104] 周济:《重视质量 重视教学 重视教师——在"第一届高等学校教学名师奖"表彰大会上的讲话》,《中国大学教学》2003 年第 9 期。

[105] 周济:《实施"质量工程"贯彻"2 号文件"全面提高高等教育质量》,《中国高等教育》2007 年第 6 期。

[106] 周作宇,熊春文:《大学教学:传统与变革》,《现代大学教育》2002 年第 1 期。

英文文献:

[1] Kathleen Mckinney. *Enhancing Learning Through the Scholarship of Teaching and Learning* . Jossey – Bass. 2007

[2] Michael Theall, John A. Centra. *Assessing the Scholarship of Teaching: Valid Decisions from Valid Evidence* [J] . New Directions for Teaching and Learning. Jossey – Bass . Summer 2001. 86

[3] Adam Palmer and Roz Collins. *Perceptions of rewarding excellence in teaching: motivation and the scholarship of teaching.* Journal of Further and Higher Education. 30 (2). May 2006. 193 – 205

[4] Ann E. Austin, Melissa McDaniels. *Using Doctoral Education to Prepare Faculty to Work Within Boyer's Four Domains of Scholship* . New

Directions for Institutional Research. 129. Spring 2006

[5] American Council on Education. *1989 - 1990 Fact Book on Higher Education* . New York, N. Y. : MacMillan, 1989

[6] Are Faculty Doing the Scholarship of Teaching?. *The Teaching Professor* . August/September. 2004

[7] Brookfield, S. D. *Becoming a Critically Reflective Teacher* . San Francisco: Jossey - Bass. 1995. p. xii

[8] Bender, E. T. *CASTLs in the air : The SoTL movement in mid - flight* . Change . 37. 2005. 40 - 49

[9] Boyer, E. *Scholarship Reconsidered : Priorities for the Professoriate* . Carnegie Foundation for the Advancement of Teaching, Princeton. NJ. 1990

[10] Bruce B. Henderson and Heidi E. Buchanan. *The Scholarship of Teaching and Learning : a special niche for faculty at comprehensive universities ?* Research in Higher Education. 48 (5) . August 2007

[11] Braxton, J. , Luckey, W. , and Holland, P. *Institutionalizing a Broader View of Scholarship Through Boyer's Four Domains. Jossey - Bass* . New Jersey. 2002

[12] Barr. R B and Tagg, J. *From teaching to learning - A new paradigm for undergraduate education* . Change. 1995

[13] Shulman, L. S. *Taking learning seriously* . Change (July/August). 1999. 11 - 17

[14] Carolin Kreber . *Charting a critical course on the scholarship of university teaching movement* . Studies in Higher Education . August 2005, 30 (4): 389 - 405

[15] C Kreber & P A Cranton. *Exploring the scholarship of teaching* . Journal of Higher Education. 71 (4). 2000

[16] Carolin Kreber . *The Scholarship of Teaching and Its Implementation in Faculty Development and Graduate Education* [J] . New Directions

for Teaching and Learning. 86. Summer 2001

[17] Carolin Kreber. *Controversy and Consensus on the Scholarship of Teaching* [J]. Studies in Higher Education, 2002, 27 (2)

[18] Carolin Kreber. *Teaching Excellence, Teaching Expertise, and the Schoalrship of Teaching*. Innovative Higher Education. 27 (1). Fall 2002

[19] Carolin Kreber. *Conceptualizing the Scholarship of Teaching and Identifying Unresolved Issues: The Framework for This Volume*. New Directions for Teaching and Learning. 86. Summer 2001. Jossey – Bass

[20] Carolin Kreber. *Implementation in Faculty Development and Graduate Education*. New Directions for Teaching and Learning. 86. Summer 2001

[21] Carolin Kreber & Patricia Cranton. *Exploring the Scholarship of Teaching* [J]. The Journal of Higher Education. 1995, 71 (4): 617

[22] C Kreber & P A Cranton. *Exploring the scholarship of teaching* [J]. Journal of Higher Education, 2000, 71 (4): 476 – 495

[23] Carolin Kreber. Observations, Reflections, and Speculations: *What We Have Learned About the Scholarship of Teaching and Where It Might Lead*. New Directions for Teaching and Learning. 86. Summer 2001. Jossey – Bass

[24] Cox, R., Huber, M. T., & Hutchings, P. *Survey of CASTL Scholars*. Stanford. CA: The Carnegie Foundation for the Advancement of Teaching. 2004

[25] Diamond, R. M. and Adam, B. E.. 'Recognizing faculty work: *Reward systems for the year2000*' [J]. Kramer M. (ed.), New Directions for Higher Education. CA: Jossey – Bass. San Francisco: 1993 (81)

[26] Deolinda Mignor, RN, DNS. *Who Is Going to Teach Undergraduate Clinicals?* Nursing Forum. 35 (3). July – September. 2000

[27] David Pace and Keith A. Erekson. *The Scholarship of Teaching and Learning History Comes of Age : A New International Organization and Web Site/Newsletter* . The History Teacher. 40（1）. November 2006

[28] Darling, A. L. *Scholarship of teaching and learning in communication : New connections , new directions , new possibilities* . Communication Education, 2003. 47 – 49

[29] Michael B. Paulsen, Kenneth A. Feldman. *Exploring the Dimensions of the Scholarship of Teaching and Learning : Analytics for an Emerging Literature* . New Directions for Institutional Research. 129. Spring 2006

[30] Ronald Smith. *Expertise and the Scholarship of Teaching* . New Directions for Teaching and Learning. 86. Summer 2001. Jossey – Bass

[31] Glassick, C. E. , Huber, M. T. , Maeroff, G. I. . *Scholarship Assessed : Evaluation of the Professoriate* [M]. San Francisco: Jossey – Bass, 1997. 6 – 7: 36

[32] Gill Nicholls. *Scholarship in teaching as a core professional value : what does this mean to the academic ?* Teaching in Higher Education. 9 (1) . January 2004

[33] Goldsmid, C. A. , &Wilson, E. K. *Passing on Sociology : The Teaching of A Discipline* . Belmont, CA: Wadsworth. 1980. 32

[34] Hutchings P, Shulman LS. *The scholarship of teaching : new elaboration , new developments* . Change. 31. 1993. 10 – 15

[35] Harry T. Hubball and Helen Burt. *The Schoalrship of Teaching and Learning : Theory – Practice Integration in a Faculty Certificate Program.* Innovative Higher Education. 30 (5). 2006

[36] Huber, M. , and P. Hutchings. *Building the teaching commons* . Change (May/June) . 2005. 25 – 31

[37] Howard Tinberg, Donna Killian Duffy, and Jack Mino. *The Scholarship of Teaching and Learning at theTwo – Year College : Promise and Peril* . Change. July/August . 2007

[38] Howard N. Shapiro. *Promotion & Tenure & the Scholarship of Teaching & Learning*. Change. March/April. 2006

[39] Howard Tinberg, Donna Killian Duffy, and Jack Mino. *The Scholarship of Teaching and Learning at theTwo – Year College：Promise and Peril*. Change. July/August. 2007

[40] Ian M. Kinchin, Simon Lygo – Baker and David B. Hay. *University as centres of non – learning*. Studies in Higher Education. 33（1）. February 2008. 89 – 103

[41] Joan Benjamin. *The Scholarship of Teaching in Teams：what does it look like in practice？* Higher Education Research & Development. 19（2）. 2000

[42] J. D. Walker, Paul Baepler, and Brad Cohen. *The scholarship of teaching and learning paradox：results without rewards*. College Teaching. 56（3）. Summer 2008. College Teaching

[43] Kerr, Clark. *The Great Transformation in Higher Education, 1960 – 1980*. SUNY Press, 1991

[44] Keith Trigwell and Suzanne Shale. *Student learning and the scholarship of university teaching*. Studies in Higher Education. 29（4）. August. 2004

[45] Keith Trigwell, Elaine Martin, Joan Benjamin, Michael Prosser. *Scholarship of Teaching：a model*. Higher Education Research & Development. 19（2）. 2000

[46] Kreber, C.. *Controversy and consensus on the scholarship of teaching*. Studies in Higher Education. 27（2）. 2002

[47] Kreber, C and Cranton. 'Exploring the scholarship of teaching'[J]. Journal of Higher Education. 2000，71

[48] Kreber, C.（ed.）. 'Scholarly teaching and the scholarship of teaching', in Revisiting Scholarship：Identifying and Implementing the Scholarship of Teaching, New Directions for Teaching and Learning, No.

86. San Francisco, CA: Jossey – Bass

[49] Knight, P. T. and Trowler, P. R. . 'Department – level cultures and the improvement of learning and teaching' [J]. Studies in Higher Education. 2000, 25

[50] Kathleen Mckinney. *Enhancing Learning Through the Scholarship of Teaching and Learning* . Jossey – Bass. 2007. 2

[51] K. Patricia Cross & Thomas A. Angelo. *Classroom Assessment Techniques: A Handbook for College Teachers (Jossey Bass Higher and Adult Education Series)* [M]. Jossey – Bass. 1993. 3

[52] Kerr, Clark. *The Great Transformation in Higher Education* . SUNY Press. 1991. 124

[53] Lee Shulman. *FromMinsk To Pinsk: Why A Scholarship of Teaching And Learning* [J]. Journal of Scholarship of Teaching and Learning (JoSoTL). 2000, 1

[54] Laurie Richlin. *Scholarly Teaching and the Scholarship of Teaching* [J]. New Directions for Teaching and Learning. 86. Summer 2001. Jossey – Bass

[55] Laurie Richlin, Milton D. Cox. *Developing Scholarly Teaching and the Scholarship of Teaching and Learning Through Faculty Learning Communities* . New Directions for Teaching and Learning. 97. Spring 2004

[56] Michael Kiener. *Scholarship of Teaching in Rehabilitation Counseling Practicum* . Rehabilitation Educaiton. 21 (3). 2007. 169 – 178

[57] Mariolina Rizzi Salvatori. *The Scholarship of Teaching: Beyond the Anecdotal* . Pedagogy: Critical Approaches to Teaching Literature, Language, Composition, and Culture. 2 (3). 2002. Duke University Press

[58] Maxine P. Atkinson. *The Scholarship of Teaching and Learning: Reconceptualizing Schoalrship and Transforming the Acadmy* . Social Forces. June 2001. 79 (4). 1217 – 1230

[59] McKinney, K. *The Scholarship of Teaching and Learning: Past*

Lessons, Current Challenges, and Future Visions. To Improve the Academy. 22. 2004. 3 – 19

[60] Morehead. J. M. and Shedd. P. J.. 'Student interviews: A vital role in the scholarship of teaching' [J]. Innovative Higher Education. 1996, 20

[61] Maxine P. Atkinson, North Carolina State University. *The Scholarship of Teaching and Learning: Reconceptualizing Scholarship and Transforming the Academy*. The University of North Carolina Press. Social Forces. 79 (4). June. 2001. 1217 – 1230

[62] Menges, R. J. and Weimer, M. *Teaching on Solid Ground: Using Scholarship to Improve Practice* [J]. San Francisco: Jossey – Bass. 1996

[63] Michael B. Paulsen. *The Relation Between Research and the Schoalrship of Teaching*. New Directions for Teaching and Learning. 86. Summer 2001

[64] Maxine P. Atkinson. *The Scholarship of Teaching and Learning: Reconceptualizing Scholarship and Transforming the Academy*. Social Forces. June. 79 (4). 2001

[65] O'Meara, K. A. *Encouraging multiple forms of scholarship in faculty reward systems: Does it make a difference?*. Research in Higher Education 46 (5). 2005. 479 – 510

[66] Pernille Andersson and Torgny Roxa. *The pedagogical academy: a way to encourage and reward scholary teaching*. European Journal of Engineering Education. 29 (4). December 2004. 559 – 569

[67] Pat Hutchings & Lee S. Shulman. *The Scholarship of Teaching: New Elaborations*, New Developments. Change. September/October. 1999

[68] Polani M. *Meaning*. Chicago: The University of Chicago Press. 1975. 28

[69] Richlin, L., & Cox, M. D. *Developing scholarly teaching and*

the scholarship of teaching and learning through faculty learning communities . New Directions for Teaching and Learning. 97. 2004. 127 - 135

[70] Robinson, J. M. , and C. E. Nelson. *Institutionalizing and diversifying a vision of the scholarship of teaching and learning* . Journal on Excellence in College Teaching. 14. 2003. 95 - 118

[71] Ronald Smith. *Formative Evaluation and the Schoalrship of Teaching and Learning* . New Directions for Teaching and Learning. 88. Winter 2001

[72] Roger Boshier. *Why is the Scholarship of Teaching and Learning such a hard sell?* Higher Education Research & Development. 28（1）. March 2009.

[73] Shulman, L. S. FromMinsk to Pinsk: *Why a scholarship of teaching and learning?* The Journal of the Scholarship of Teaching and Learning. 1. 2000. 48 - 52

[74] Smith, R. . *'Making teaching count in Canadian higher education: developing a national agenda '* , [J] . Newsletter of the Society for Teaching and Learning in Higher Education (STLHE) . June 1997: 1 - 10

[75] Schon, D. A. *The New Scholarship Requires a New Epistemology* [J] . Change, November/December. 1995: 27 - 34

[76] Shulman, L. S. *Teaching as Community Property* . Change (November/December) . 1993. 6 - 7

[77] Trigwell, K. , Martin, E. , Benjamin, J. & Prosser, M. *Scholarship of Teaching: A Model* [J] . Higher Education Research and Development,. 2000. 19: 155 - 168

[78] Trey Martindale and David A. Wiley. *Using Weblogs in Schoalrship and Teaching* . TechTrends. 49（2）

[79] Tierney, W. , & Bensimon, E. *Promotion and Tenure: Community and Socialization in Academe* . Albany, NY: SUNY Press. 1996. 128

[80] University of California, *"Lower Division Education in the University of California ,"* A Report from the Task Force on Lower Division Education, June 1986

[81] W. Carr and S. *Kemmis. Becoming Critical : Education* . Knowledge and Action Research. The Falmer Press. 1986. 162

[82] William R. Doyle. *State Accountability Policies and Boyer ' s Domains of Schoalrship : Conflict or Collaboration ?* New Directions for Institutional Research. 129. Spring 2006

[83] Weimer, M. , Menges, R. J. , and Associates. (eds.) . *Teaching on Solid Ground : Using Scholarship to Improve Practice.* San Francisco: Jossey – Bass. 1996

[84] McKinney. *Work of the Scholarship of Teaching and Learning* . New Directions for Institutional Research. Spring 2006. 129

[85] William W. Cutler. *The Scholarship of Teaching and Learning and Student Assessment* . The History Teacher. 40 (1) . November 2006

[86] "We can know more than we can tell", see Polanyi, M. The Tacit Dimension, London: Routledge & Kegan Paul, 1966: 4

附录1 我国大学教学非学术的原因分布

知识维度：

基本的教育理论知识：入职前没接收过专门的教育（28.8%）、岗前培训不系统（47.5%）、不感兴趣（13.6%）、没必要掌握（6.8%）、没时间关注（1.7%）、这种知识不存在（1.7%）。

前沿的教育思想理论：没时间关注（59.8%）、没兴趣关注（14.3%）、没必要关注（8.9%）、单位不重视没有氛围（16.1%）、这种知识不存在（0.9%）。

任教学科的教学法知识：入职前没接受过专门的教育（37.8%）、岗前培训不系统（32.4%）、不感兴趣（13.5%）、没必要掌握（13.5%）、这种知识不存在（2.7%）。

大学生的心理健康知识：入职前没接受过专门的教育（55.9%）、岗前培训不系统（32.2%）、不感兴趣（11.9%）。

学科内容的教育心理学加工：没必要（10.9%）、没时间（35.0%）、不知道如何转化（54.1%）。

研究维度：

备课过程反思：没时间（46.3%）、没用处（8.5%）、不感兴趣（8.5%）、单位不重视没有氛围（36.6%）。

教学内容反思：没时间（43.7%）、没用处（14.1%）、不感兴趣

（9.9%）、单位不重视没有氛围（32.4%）。

教学方法反思：没时间（55.4%）、没用处（10.7%）、不感兴趣（1.8%）、单位不重视没有氛围（32.1%）。

教学效果评估：没时间（52.5%）、没用处（8.5%）、不感兴趣（6.8%）、单位不重视没有氛围（32.2）。

教学经验总结：没时间（55.1%）、没用处（6.4%）、不感兴趣（10.3%）、单位不重视没有氛围（28.2%）。

撰写教学总结报告：没时间（48.6%）、没用处（9.8%）、不感兴趣（9.3%）、单位不重视没有氛围（30.8%）、没必要（0.5%）、浪费时间（0.5%）、教学时间短，经验不足（0.5）。

教学研究：没时间（62.8%）、没必要（2.9）、没兴趣（8.0%）、评职称用不上（24.8%）、不会（0.7%）、氛围不够（0.7%）。

交流维度：

旁听同事教学：没时间（38.9%）、没兴趣（3.6%）、听了没用（4.0%）、担心同事忌讳（19.0%）、没有形成惯例和风气（34.1%）、没意识到（0.4%）。

给同事提建议：教学是自己的事，别人无法干涉（29.1%）、担心同事忌讳（32.0%）、没有形成惯例和风气（37.4%）、对他人的课程不熟悉，无法给出合理改进意见（1.1%）、没意识到（0.4%）。

邀请同事旁听自己的教学：教学是自己的事，别人无法干涉（15.4%）、不好意思会尴尬（26.9%）、担心同事没时间（55.6%）、担心同事不理解（0.4%）、单位不重视没有氛围（1.4%）、没意识到（0.4%）。

邀请同事给自己的教学提建议：教学是自己的事，别人无法干涉（21.3%）、担心同事没时间（66.4%）、没兴趣（10.4%）、单位不重视没有氛围（0.9%）、很难得到有用的建议（0.5%）、没意识到（0.5%）。

参加教学讨论会：没时间（48.0%）、没兴趣（5.9%）、没用处

(6.4%)、单位不重视没有氛围（37.7%）、没机会（0.5%）、效果不大（0.5%）、流于形式（0.5%）、没意识到（0.5%）。

教学成果公开发表：评职称用不上不必发表（22.7%）、没有合适的杂志可投（26.8%）、很难被录稿（50.5%）。

教学报告公开展示：没时间（33.5%）、没兴趣（8.3%）、没用处（10.2%）、涉及知识产权，不想外露（16.5%）、单位不重视没有氛围（28.6%）、没有足够的教学经费支持（0.4%）、没机会（0.8%）、教龄短（0.8%）、对别人影响不大（0.4%）、流于形式（0.4%）、没意识到（0.4%）。

附录2 我国大学教学现状调查

尊敬的老师：

您好！

非常感谢您能在百忙之中抽出时间来作这项调查，此次调查的目的是为了了解当下我国大学教师的教学现状。调查结果仅为我的毕业论文所用，不作其他用途，不会对您产生任何不利的影响，请您放心回答您真实的想法！所用时间不会超过10分钟，谢谢！

华中科技大学教育科学研究院

宋燕　　2010年9月

基本信息：请在符合您情况的选项上打"√"。

1、您的性别：□男性　　□女性

2、您的教龄：□6年以下　□7-10年　□11-15年　□16-20年　□21-25年　□26年以上

3、您的职称：□助教　　□讲师　　□副教授　　□教授

4、您的专业：_____

5、您的学校：_____

调查内容：请在符合您情况的选项上打"√"。如果没有合适选项，请在横线上予以补充。

1、您每周用于以下活动的时间是：

教学（备课、上课、布置与批改作业、辅导答疑、成绩评定等）：

□10 小时以下　　　□11-20 小时
□21-30 小时　　　□31 小时以上

科研（申报课题、实地调查、撰写论文、实验等）：
□10 小时以下　　　□11-20 小时
□21-30 小时　　　□31 小时以上

管理（职责内的常规性事务、职责外的临时性事务等）：
□10 小时以下　　　□11-20 小时
□21-30 小时　　　□31 小时以上

社会服务（校企合作、提供决策咨询等）：
□10 小时以下　　　□11-20 小时
□21-30 小时　　　□31 小时以上

2、您认为好的学者一定是好的教师吗？
□一定是　　□不一定　　□不清楚

3、您认为大学教师在教学方面最应该是一名：
□教书匠　　□教学专业人员　　□教学学者

4、您认为教学更大程度上是一种：
□技术性的操作活动　　□专业性的学术活动

5、您的教学依靠最多的是：
□自己摸索　　□对其他老师的模仿　　□相关的教育理论

6、您对于所属专业的前沿成果：
□不熟悉　　□基本熟悉　　□很熟悉

7、您认为教师应掌握系统的基本教育理论知识吗？
□应该　　□没必要　　□不清楚

8、您认为教师应及时了解前沿的教育思想理论吗？
□应该　　□没必要　　□不清楚

9、您认为教师应熟知所任教学科的教学法知识吗？
□应该　　□没必要　　□不清楚

10、您认为教师应熟知大学生的心理健康知识吗？
□应该　　□没必要　　□不清楚

11、您认为教师应对任教学科内容进行教育心理学加工吗？
□应该　　　□没必要　　　□不清楚

12、您对于基本的教育理论知识：
□不熟悉　　□基本熟悉　　□很熟悉
如果您选择"不熟悉"，请问原因是：
□入职前没接受过专门的教育　　□岗前培训不系统
□不感兴趣　　□没必要掌握
其他原因：_____

13、您对于前沿的教育思想理论：
□不熟悉　　□基本熟悉　　□很熟悉
如果您选择"不熟悉"，请问原因是：
□没时间关注　　　□没兴趣关注
□没必要关注　　　□单位不重视，没有氛围
其他原因：_____

14、您对于所任教学科的教学法知识：
□不熟悉　　□基本熟悉　　□很熟悉
如果您选择"不熟悉"，请问原因是：
□入职前没接受过专门的教育　　□岗前培训不系统
□不感兴趣　　　　　　　　　　□没必要掌握
其他原因：_____

15、您对于大学生的心理健康知识：
□不熟悉　　□基本熟悉　　□很熟悉
如果您选择"不熟悉"，请问原因是：
□入职前没接受过专门的教育　　□岗前培训不系统
□不感兴趣　　　　　　　　　　□没必要掌握
其他原因：_____

16、您对任教学科内容进行教育心理学加工吗？
□从不　　　□不经常　　　□经常
如果您选择"从不"或"不经常"，请问原因是：

□没必要　　　□没时间　　　□不知道如何转化

其他原因：_____

17、您对于教学目的：

□严格遵从　　　□结合具体情况适当调整

18、您对于教学计划：

□严格遵从　　　□结合具体情况适当调整

19、您对于所授教材：

□严格遵从　　　□结合具体情况适当调整

20、您认为教师应对备课过程作出反省吗？

□应该　　□没必要　　□不清楚

21、您认为教师应对教学内容在课堂中的适用程度作出反省吗？

□应该　　□没必要　　□不清楚

22、您认为教师应对课堂中所运用的教学方法是否得当作出反省吗？

□应该　　□没必要　　□不清楚

23、您认为教师应对课堂教学的效果作出自我评估吗？

□应该　　□没必要　　□不清楚

24、您对备课过程作出反省吗？

□从不　　□不经常　　□经常

如果您选择"从不"或"不经常"，请问原因是：

□没时间　　□没用处　　□不感兴趣　　□单位不重视，没有氛围

其他原因：_____

25、您对教学内容在课堂中的适用程度作出反省吗？

□从不　　□不经常　　□经常

如果您选择"从不"或"不经常"，请问原因是：

□没时间　　□没用处　　□不感兴趣　　□单位不重视，没有氛围

其他原因：_____

26、您对课堂中所运用的教学方法是否得当作出反省吗？
□从不　　　□不经常　　　□经常
如果您选择"从不"或"不经常"，请问原因是：
□没时间　　□没用处　　□不感兴趣　　□单位不重视，没有氛围
其他原因：_____

27、您对课堂教学的效果作出自我评估吗？
□从不　　　□不经常　　　□经常
如果您选择"从不"或"不经常"，请问原因是：
□没时间　　□没用处　　□不感兴趣　　□单位不重视，没有氛围
其他原因：_____

28、您认为教师应对教学方法有所创新吗？
□应该　　　□没必要　　　□不清楚

29、您认为教师应对教学中的经验教训进行总结吗？
□应该　　　□没必要　　　□不清楚

30、您认为教师应撰写教学总结报告吗？
□应该　　　□没必要　　　□不清楚

31、您认为教师应对教学中遇到的问题进行研究吗？
□应该　　　□没必要　　　□不清楚

32、您认为教师应将教学研究成果公开发表吗？
□应该　　　□没必要　　　□不清楚

33、您有自己独特的教学方法吗？
□有　　　□没有

34、您对教学中的经验教训进行总结吗？
□从不　　　□不经常　　　□经常
如果您选择"从不"或"不经常"，请问原因是：
□没时间　　□没用处　　□不感兴趣　　□单位不重视，没有氛围
其他原因：_____

35、您撰写教学总结报告吗？
□从不　　　□不经常　　　□经常

如果您选择"从不"或"不经常",请问原因是:
□没时间　　□没用处　　□不感兴趣　　□单位不重视,没有氛围
其他原因:＿＿＿＿＿＿＿＿＿＿＿＿＿＿＿＿＿＿＿＿＿

36、您所在的学校或院系鼓励教师进行教学研究吗?
□从不　　□不经常　　□经常

37、您对教学中遇到的问题进行研究吗?
□从不　　□不经常　　□经常
如果您选择"从不"或"不经常",请问原因是:
□没时间　　□没必要　　□没兴趣　　□评职称用不上,不必研究
其他原因:＿＿＿＿＿＿＿＿＿＿＿＿＿＿＿＿＿＿＿＿＿

38、您将教学研究成果公开发表吗?
□从不　　□不经常　　□经常
如果您选择"从不"或"不经常",请问原因是:
□评职称用不上,不必发表　　□没有合适的杂志可投　　□很难被录稿
其他原因:＿＿＿＿＿＿＿＿＿＿＿＿＿＿＿＿＿＿＿＿＿

39、您认为教师之间应互相听课评课进行教学交流吗?
□应该　　□没必要　　□不清楚

40、您认为教师应积极参加各种形式的教学讨论会吗?
□应该　　□没必要　　□不清楚

41、您认为教师应将自己的教学总结报告公开展示吗?
□应该　　□没必要　　□不清楚

42、您所在的单位组织教师互相听课评课吗?
□从不　　□不经常　　□经常

43、您个人主动旁听同事的教学吗?
□从不　　□不经常　　□经常
如果您选择"从不"或"不经常",请问原因是:
□没时间　　□没兴趣　　□听了没用　　□担心同事忌讳
□没有形成惯例与风气

其他原因：_____

44、您主动对同事的教学提出改进建议吗？

☐从不　　　☐不经常　　　☐经常

如果您选择"从不"或"不经常"，请问原因是：

☐教学是自己的事情，别人无法干涉　　　☐担心同事忌讳

☐没有形成惯例与风气

其他原因：_____

45、您邀请同事旁听自己的教学吗？

☐从不　　　☐不经常　　　☐经常

如果您选择"从不"或"不经常"，请问原因是：

☐教学是自己的事情，别人无法干涉　　　☐不好意思，会尴尬

☐担心同事没时间

其他原因：_____

46、您请同事给自己的教学提出建议吗？

☐从不　　　☐不经常　　　☐经常

如果您选择"从不"或"不经常"，请问原因是：

☐教学是自己的事情，别人无法干涉

☐担心同事没时间　　　☐没兴趣

其他原因：_____

47、您所在的学校或院系组织教学讨论会吗？

☐从不　　　☐不经常　　　☐经常

48、您个人主动参加各种形式的教学讨论会吗？

☐从不　　　☐不经常　　　☐经常

如果您选择"从不"或"不经常"，请问原因是：

☐没时间　　☐没兴趣　　☐没用处　　☐单位不重视，没氛围

其他原因：_____

49、您将个人教学总结报告公开展示吗？

☐从不　　　☐不经常　　　☐经常

如果您选择"从不"或"不经常"，请问原因是：

□没时间　　　□没兴趣　　　□没用处
□涉及知识产权，不想外露　　　□单位不重视，没有氛围
其他原因：_____
50、您认为学术是种什么样的活动？
□高深的科学研究　　　□需要研究参与的活动都是学术
51、您认为教学是学术吗？
□是　　　□不是　　　□不清楚

问卷调查到此结束，再次向您表达我真挚的谢意！